Rainer Wälde

DER GROSSE
KREUZFAHRT
KNIGGE

PHOENIX
REISEN GMBH BONN

Impressum

R A I N E R W Ä L D E media

Verlag:
Rainer Wälde media
Fahrgasse 5, 65549 Limburg,
Tel. +49 6431-21 94 35,
Fax +49 6431-21 94 96,
E-Mail: info@waeldemedia.de
www.waeldemedia.de

Interviews: Daniel Sikinger, Micha Kunze

crossculture.
academy

Die Interviews in diesem Buch sind in Zusammenarbeit mit der
interkulturellen Unternehmensberatung crossculture academy
entstanden. Sie ist die erste deutsche Onlineplattform für
interkulturelle Weiterbildung. Mit ihren E-Learning-Kursen
und Fachartikeln sowie maßgeschneiderten Präsenztrainings
deckt sie rund 120 Länder und Kulturen ab.
www.crossculture-academy.com.

Lektorat: Dorothee Köhler und Ines Balcik, www.dorothee-koehler.de
Layout/Satz: Tim Kaun, www.timkaun.com
Druck: FINIDR, Lipova
Fotos: Shutterstock
Autorenfoto: Janine Guldener, www.janine-guldener.com
Gedruckt auf umweltfreundlichem, chlorfrei gebleichtem Papier.

ISBN: 978-3-927825-21-5

 Weiterführende Literatur:
Der Große Knigge
VNR Verlag für die Deutsche Wirtschaft AG
www.stil.de

Über 200 Reisereportagen von Rainer Wälde mit der
MS Amadea und MS Artania finden Sie auf waeldemedia.de

KREUZFAHRT

SO BEWEGEN SIE SICH SOUVERÄN AUF DEN WELTMEEREN

Kreuzfahrten sind so beliebt wie nie zuvor: Knapp zwei Millionen Deutsche buchen jährlich eine Reise mit dem Schiff. Doch welche Regeln gelten heute auf einem Luxusliner? In diesem handlichen Kreuzfahrt-Knigge erfahren Sie, wie Sie sich auf einem Hochseeschiff oder einer Weltreise souverän verhalten.

Als Fernsehjournalist bin ich seit dreißig Jahren rund um den Globus unterwegs, um spannende Reisereportagen und Dokumentarfilme zu drehen.

Vor acht Jahren habe ich mich zum ersten Mal zu einer Weltreise angemeldet: In 115 Tagen um Welt – das war mein großer Traum. Bei dieser Reise habe ich Kreuzfahrten schätzen gelernt und mich in das neue Traumschiff, die MS Amadea, verliebt.

Was mich besonders fasziniert: Mit dem Schiff kann ich Häfen und Inseln besuchen, die mit dem Flugzeug nur schwer zu erreichen sind. Unvergesslich sind für mich zwei Reisen durch die Südsee, bei denen ich etliche Orte kennengelernt habe, die vom klassischen Tourismus bislang unerschlossen sind.

Diese „Hideaways", die versteckten Schönheiten, sind es, die für mich eine Kreuzfahrt so einzigartig machen.

Auf den unterschiedlichen Schiffsreisen habe ich auch die (meist) ungeschriebenen Codes entdeckt, die vielen Pauschaltouristen nicht bekannt sind: Es beginnt bei A wie Anzug, um die Dresscodes anzusprechen, die auf den Schiffen variieren, und endet bei Z wie Zahlmeister, der für die Visa und Einreiseformalitäten in den Häfen verantwortlich ist.

Doch die größte Unsicherheit habe ich bei den kulturellen Besonderheiten erlebt, die jedes Land prägen und dem Kreuzfahrer meist verschlossen bleiben. Aus diesem Grund haben wir speziell für dieses Buch zehn Experten rund um den Globus befragt, die in der jeweiligen Kultur groß geworden sind oder dort beruflich sehr viel reisen. Nutzen Sie dieses wertvolle Insider-Wissen, um sich auf Ihre nächste Kreuzfahrt kompetent vorzubereiten.

Viel Vergnügen beim Reisen um die Weltmeere wünscht Ihnen *Rainer Wälde*

DRESSCODES: WAS MUSS IN DEN KOFFER, WAS KANN ZU HAUSE BLEIBEN?

„Was ziehe ich auf einer Kreuzfahrt an? Muss ich im langen Kleid erscheinen? Brauche ich einen Smoking?" Diese Fragen stellen sich viele Reisende vor ihrer ersten Tour. Auf den meisten Schiffen gibt es einen Dresscode, der je nach der Klassifizierung und der Anzahl der Sterne variiert.

Ausnahmen sind AIDA und TUI Cruises, bei denen es keinen formellen Dresscode gibt. Dort heißt es: *„Mit einem klassisch-legeren Kleidungsstil liegen die Gäste an Bord der Mein-Schiff-Flotte immer richtig."*

Bei der international führenden Cunard Line gilt für Kreuzfahrten mit den Luxuslinern Queen Mary und der neuen Queen Victoria folgende Definition für die Abendgarderobe:

1. FORMELL
Herren tragen Smoking oder einen dunklen Anzug mit Krawatte, Damen ein Abendkleid.

2. INFORMELL
Herren tragen Jackett, mit oder ohne Krawatte, Damen ein Cocktailkleid.

Die Cunard Line betont, dass dieser Dresscode nur für die Zeit ab dem Abendessen in den Restaurants und in den öffentlichen Räumen gilt. Eine Ausnahme stellen die Buffet-Restaurants dar: Dort kann man auch leger gekleidet essen.

WO WERDEN DIE DRESSCODES BEKANNT GEGEBEN?

Die Dresscodes werden in der Regel täglich im Bordprogramm veröffentlicht. Tagsüber gibt es eine Ausschlussdefinition: *„Kurze Hosen oder Badebekleidung sind in den Restaurants an Bord zu keiner Zeit erwünscht."* Legere Kleidung ist willkommen.

Auf deutschen Schiffen der 4-Sterne-Kategorie gilt die Grundregel, dass an den drei Gala-Abenden einer Reise (Begrüßung, Kapitänsdinner und Abschied) formelle Kleidung erwünscht ist: Neben dem Smoking oder dem hellen Dinnerjackett ist auch ein dunkler Anzug möglich. Bei den Damen wird ein Abendkleid erwartet, aber auch ein festliches Cocktailkleid oder ein elegantes Kostüm ist möglich.

Orientieren Sie sich an der Restaurant-Philosophie

Bei den sonstigen Abendveranstaltungen orientiert sich die Kleiderordnung an der Restaurant-Philosophie. Häufig gibt es an Bord zwei gastronomische Bereiche, die unterschiedliche Bekleidung erwarten, auch wenn sie keinen klaren Dresscode formulieren:

Im schicken Restaurant gilt für die Herren grundsätzlich abends Jackettpflicht, eine Krawatte ist erwünscht, aber keine Pflicht. Die Damen können im „kleinen Schwarzen", in einem Hosenanzug oder auch in einem Kostüm glänzen.

Das entspannte Bistro oder Outdoor-Restaurant – häufig mit Grill – lässt dagegen jede Form von Kleidung zu. Diese dritte Kategorie Casual hatte Cunard in früheren Katalogen klar definiert: *„Für die Herren Freizeithose mit Hemd oder Polohemd und Jackett. Für die Damen Rock oder Hose mit Pullover oder Bluse. Jeans sind nicht erwünscht."* Als verpönt gelten bei Cunard und den Mitbewerbern *„kurze Hose und Badezeug in den Restaurants".*

Mein Tipp: Fragen Sie vor der Reise beim Reiseveranstalter oder bei der Reederei nach konkreten Empfehlungen. An Bord rate ich Ihnen dazu, das Tagesprogramm zu beachten, dort finden Sie häufig praktische Tipps. So wie an Bord der MS Amadea: *„Bekleidungsvorschlag tagsüber: leger, abends: leichte Eleganz (Herren lange Stoffhose, Hemd mit oder ohne Krawatte, gerne Pulli oder Sakko; Damen entsprechend)."* Zudem finde ich es hilfreich, sich an den Mitreisenden zu orientieren. Sie merken schnell, ob Sie Ihre Kleidung etwas anpassen müssen.

RESTAURANT VIER JAHRESZEITEN
AMADEA

SIND TRINKGELDER IMMER PFLICHT ODER KÖNNEN SIE SELBST ENTSCHEIDEN?

Für einen guten Service gibt der Gast gerne ein angemessenes Trinkgeld. Ungewohnt ist für viele Kreuzfahrer, die zum ersten Mal unterwegs sind, dass bei manchen Schiffen ein „Zwangstrinkgeld" berechnet wird. Die großen internationalen Reedereien, die meist in Amerika zu Hause sind, buchen täglich eine Servicepauschale auf das Kabinenkonto. Die kann zwischen 7 und 14 US-Dollar pro Reisetag betragen. Am Ende einer zweiwöchigen Reise kommen leicht 100 Euro pro Passagier hinzu.

Neue Rechtsprechung unterbindet Sternchenhinweise

Erfreulicherweise hat das Oberlandesgericht Koblenz 2014 entschieden, dass die Veranstalter künftig diese Zwangstrinkgelder im Gesamtreisepreis mit angeben müssen – ein „Sternchenhinweis" auf die Zusatzkosten verstößt gegen das Wettbewerbsrecht (Aktenzeichen: 9 U 1324/13). Ab 2015 muss das Serviceentgelt im Endpreis der Kreuzfahrt mit eingerechnet sein.

Mit gutem Beispiel geht Phoenix Reisen in Bonn schon seit vielen Jahren voran: Auf den drei Hochseeschiffen Artania, Amadea und Albatros gibt es keine Zwangstrinkgelder. In den Reiseunterlagen wird der Gast informiert, dass dies eine freiwillige Option ist. Gleichzeitig gibt der Veranstalter als Richtwert 4 bis 5 Euro pro Reisetag an.

Nach meiner Erfahrung teilt sich die Summe in vier Bereiche auf: 1 Euro pro Gast und Tag jeweils für die Kabinenstewardess, den Kellner, das Küchenteam und die Rezeption. Was viele vergessen: Hinter den Kulissen arbeiten unbemerkt Hunderte von „unsichtbaren Geistern", wie eine Reederei es passend ausdrückt. Auch diesen Mitarbeitern sollten Sie am Ende mit 1 Euro pro Reisetag ihre Wertschätzung ausdrücken. Die Trinkgelder geben Sie am besten in einem Umschlag direkt bei den Mitarbeitern oder an der Rezeption Ihres Schiffs ab.

Schäbig: Trinkgeld-Knauser und Pfennigfuchser

Leider gibt es auf jedem Schiff auch Reisende, die genau wissen, was es an kostenlosen Extras gibt. Austern, Hummer, Tischwein, Kabinenservice usw. Alles wird für selbstverständlich genommen. Dankbarkeit? Fehlanzeige! *„Hab ich doch alles bezahlt!"*

Mein Tipp: Gehen Sie mit gutem Beispiel voran und zeigen Sie sich großzügig. Die Servicemitarbeiter arbeiten in der Regel sieben Tage die Woche, meist ohne Pause vier bis sechs Monate an Bord. Sie freuen sich auf jedem Reiseabschnitt über ein ehrliches „Dankeschön" und über ein freiwilliges Trinkgeld.

WAS ERWARTET SIE ALS PASSAGIER AUF WELCHEM SCHIFF?

Die deutschen Reedereien versuchen mit ihren Kreuzfahrten unterschiedliche Zielgruppen anzusprechen.
Die Bordsprache ist in der Regel Deutsch, die Gäste
kommen aus Österreich, der Schweiz, Luxemburg und
Deutschland.

Hapag Lloyd bietet „5-Sterne-Plus"

Die MS Europa 1 steht im internationalen Ranking der
Schiffe ganz oben. Für den Berlitz-Kreuzfahrtenführer
hat der britische Seereisen-Experte Douglas Ward 284
Schiffe bewertet. Die MS Europa erhielt als einziges
Schiff die Auszeichnung „5-Sterne-Plus". Luxuriös ist
nicht nur der Service, sondern auch der Preis, und entsprechend exklusiv auch die Zielgruppe. Die Reederei
wirbt regelmäßig mit prominenten Lektoren und Künst-
lern und vertraut darauf, dass hochkarätige Führungs-
kräfte das Premium-Schiff buchen.

Freizeitkultur à la AIDA

Bei Aida steht die Vielfalt im Mittelpunkt. Der Markt-
führer in Deutschland will bis 2016 mit zwölf Schiffen
präsent sein. Die Zielgruppe sind alle Altersklassen:

Von den Großeltern bis zu den Enkeln sollen möglichst alle Generationen gemeinsam Urlaub machen. Es gibt keine festen Dresscodes, keine Tischordnung, kein Kapitänsdinner. Stattdessen: Partystimmung und lockere Kleidung. Nur das freundschaftliche Club-Du wurde vor einiger Zeit in das korrekte Kunden-Sie umgewandelt.

Familiäre Atmosphäre bei Phoenix

Auf den Phoenix-Schiffen geht es trotz hoher Servicequalität (Berlitzbewertung 4 Sterne) sehr familiär zu. Hier fahren besonders viele Stammkunden mit, die das Unternehmen mitunter schon seit Jahrzehnten kennen. Selbst in der Hochsaison trifft man während der Reise immer wieder die gleichen Gäste. Auch der Kapitän samt Crew ist im Bordleben präsent und ansprechbar. Bei den mittelgroßen Schiffen mit 500 bis 800 Passagieren (Amadea und Albatros) ist das leichter möglich als auf den großen internationalen Schiffen, die mit 3.000 Gästen unterwegs sind.

SONNENTERRASSE
MS ARTANIA

Vorsicht vor selbst ernannten Kreuzfahrtexperten!

Diese Gäste sind die absoluten Besserwisser. Sie waren irgendwann und irgendwie schon auf jedem Kreuzfahrtschiff. Dort sei *„alles viel besser, schöner, billiger, edler ...".* Keine Ahnung, warum sie dieses Schiff gebucht haben.

Mein Tipp nach sieben Jahren auf Kreuzfahrtschiffen: Schnell aufstehen und nichts wie weg von dieser Einweg-Kommunikation. Suchen Sie sich besser neue und interessantere Gesprächspartner!

Distanzzonen gelten auch auf hoher See

Natürlich kann es Ihnen auch auf einem Luxusliner passieren, dass Ihr Nachbar beim Sport- und Animationsprogramm kein Gefühl für die richtige Distanzzone hat: Ungeniert versucht er im bereits überfüllten Fitnesscenter seine Matte dazwischenzuquetschen, obwohl kein Platz mehr vorhanden ist.

Da mir das schon etliche Male passiert ist, empfehle ich Ihnen, nächstes Mal einfach früher zu kommen oder ein Alternativprogramm zu wählen. Direkte Rückmeldungen bringen bei diesen Mitmenschen leider nicht viel.

Blockieren Sie keine Sonnenliegen

Manche Kreuzfahrer markieren bereits bei Sonnenaufgang die Liegen auf dem Promenadendeck als ihr „Eigentum": Mit persönlichen Accessoires (Buch, Decke, Sonnenbrille) markieren sie ihr Revier für die nächsten zehn Stunden. Doch in Wirklichkeit sind sie meist gar nicht da und nehmen die reservierte Liege nur wenig in Anspruch.

Die Cunard Line hat die Mitarbeiter auf der Queen Mary und der Queen Victoria angewiesen, dass *„Liegen, die mit einem Handtuch belegt sind, nach 30 Minuten freigeräumt werden, wenn sich kein Besitzer ermitteln lässt".*

Rücksichtsvoll auf den Decks

In der Bordordnung von AIDA werden konkrete Empfehlungen für das Verhalten auf den Decks gegeben: *„Um Mitreisende nicht zu belästigen, ist das Benutzen von Audiogeräten mit Lautsprechern, Rollschuhen, Inlineskates, Skateboards, Rollern, Fahrrädern und anderen individuellen Transportmitteln an Bord nicht gestattet."*

Gleichzeitig thematisiert der Veranstalter auch die Wortwahl der Gäste: *„Bitte verhalten Sie sich zu Ihren Mitreisenden und unserer Crew so, wie Sie auch selbst gern behandelt werden möchten. Verbale Entgleisungen haben eine Aussprache mit unserem General Manager bzw. dem Kapitän zur Folge."*

Trittbrettfahrer, die ständig reklamieren

Leider begegne ich auf Kreuzfahrten immer wieder auch den Reklamationsspezialisten, die behaupten: *„Ich bin nur hier, weil ich bei der letzten Kreuzfahrt einen Gutschein für diese Tour herausgeschlagen habe. Mal sehen, welche Punkte ich dieses Mal finde, die ich reklamieren kann."*

Mein Tipp: Machen Sie einen weiten Bogen um solche Mitreisenden. Jede weitere Minute mit diesen Meckerern ist Zeitverschwendung. Gleichzeitig empfehle ich Ihnen, bei seriösen Beschwerden den richtigen Ansprechpartner zu kontaktieren. Weisen Sie sachlich auf den Missstand hin und bitten Sie freundlich um eine Lösung. In der Regel werden die Mitarbeiter an Bord versuchen, den Missstand umgehend zu beseitigen.

LOBBY
MS ARTANIA

Höhere Gewalt – auch an Bord

Der Kapitän eines Kreuzfahrtschiffs gilt als höchste Autorität an Bord. Er ist nicht nur für die Navigation verantwortlich, sondern entscheidet auch über die Sicherheit der Passagiere.

In den letzten Jahren habe ich regelmäßig erlebt, dass auf einer Kreuzfahrt einzelne Häfen ausfallen mussten. Das geschieht meist dann, wenn das Schiff auf Reede liegt, also mit geworfenem Anker vor der Küste treibt. Die Passagiere werden dann mit den kleineren Tenderbooten an Land gebracht.

Natürlich ist das nur möglich, wenn der Wellengang gering und der Wind nicht allzu stark ist. Doch gerade an der Küste kann der Wind schnell drehen. In Südafrika habe ich erlebt, wie ein Kapitän das Tendern abbrechen musste, weil die Wellen plötzlich meterhoch wurden und die Crew sich große Sorge um die Sicherheit der Passagiere machte.

Das gilt als höhere Gewalt und sollte für die meisten Passagiere auch nachvollziehbar sein. Die Reisebedingungen weisen eindeutig darauf hin. Mein Tipp: Akzeptieren Sie die Entscheidung des Kapitäns. Verbreiten Sie trotz des verständlichen Ärgers nicht zusätzlich schlechte Stimmung an Bord. Lassen Sie sich Ihre Urlaubsfreude durch diese unabänderliche Situation nicht verderben.

LANDGANG:
WAS SIE IN FREMDEN KULTUREN UNBEDINGT BEACHTEN SOLLTEN

Bei Landgängen bleibt Ihr Reisepass oder Personalausweis in der Regel beim Oberzahlmeister des Schiffs, der für die behördlichen Formalitäten zuständig ist. In den meisten Ländern reicht es aus, dass Sie sich beim Verlassen und Betreten Ihres Schiffs mit der Bordkarte ausweisen. Darauf sind auch die persönlichen Daten Ihres Reisepasses kopiert.

Respektieren Sie die Quarantäne-Regeln

Die Hafenbehörden kontrollieren die ein- und aussteigenden Passagiere je nach Kultur mehr oder weniger gründlich. In amerikanisch geprägten Häfen gelten auch für die Tagesgäste strenge Quarantäne-Bestimmungen, die bereits an Bord durchgegeben werden. Auch in Australien und Neuseeland sind die Vorschriften sehr restriktiv. Danach dürfen keinerlei Lebensmittel, auch kein Obst und keine offenen Getränke, mit an Land genommen werden. Bitte halten Sie sich unbedingt an diese Vorschriften, um Verzögerungen beim Landgang zu vermeiden.

Probleme mit Handys in Indien

Einzelne Länder verbieten es im Hafengebäude, dass beispielsweise Handys benutzt werden. Das Bordreisebüro der MS Amadea weist die Gäste in Indien darauf hin: *„Bei der behördlichen Personenkontrolle ist es strengstens untersagt, elektronische Geräte zu benutzen, darunter fallen u. a. Mobiltelefone (Handy), Fotokameras, Videokameras, MP3-Player, Funkgeräte usw."*

Leider übersehen manche Passagiere, dass sie mit ihrem Verhalten den Landgang des gesamten Schiffs riskieren: *„Eine Missachtung dieser Vorschrift hat den sofortigen Abbruch der Einreiseformalitäten zur Folge und kann somit die Einreise aller Passagiere nach Indien gefährden."* Im konkreten Fall kann das bedeuten: Ein Kreuzfahrer telefoniert im Hafengebäude und 500 Passagiere müssen an Bord bleiben. Oder die Reederei erhält bei der nächsten Reise keine Genehmigung, diesen Hafen erneut anzulaufen.

Souverän bei Bustouren

Direkt am Hafengebäude warten die Reisebusse auf die Gäste. Bei deutschsprachigen Gästen ist leider zu beobachten, dass immer wieder Drängler dabei sind, die hinter der Einreisekontrolle einen Spurt zum Bus hinlegen und am Eingang auch vor massivem Ellenbogeneinsatz nicht zurückscheuen. Leider kämpfen manche Senioren mit großer Lebenserfahrung ebenfalls um die besten Plätze. Es scheint, als ob alle 50 Passagiere in der ersten Reihe sitzen wollen.

Lassen Sie sich Zeit. Gute Veranstalter bestellen bei hoher Nachfrage lieber einen Bus mehr, damit die Gäste entspannt sitzen können. Häufig werden 20 Prozent der Sitze nicht belegt. Haben Sie Mut zur Langsamkeit: Oft bleiben gute Plätze in den letzten Busreihen mit extra Beinabstand frei.

Bekleidungsregeln in der arabischen Welt

Mit den Landgangsinformationen erhalten Sie jeweils auch konkrete Empfehlungen für Ihre Bekleidung. Phoenix Reisen empfiehlt beispielsweise für Bahrain und den Besuch der großen Moschee: *„Bitte beachten Sie: Die Moschee darf nur ohne Schuhe betreten werden, Handgelenke und Fußknöchel müssen bedeckt sein. Damen benötigen zusätzlich ein Kopftuch."*

Auch beim Besuch von Friedhöfen weist der Veranstalter darauf hin: *„Bekleidungsvorschrift für das Grabmal: für Herren, Knie und Schultern bedeckt; für Damen, Kopftuch und langer Rock/Kleid."* Bitte respektieren Sie unbedingt die ortsüblichen Dresscodes. Sie zeigen damit der Bevölkerung des Landes Ihren Respekt als Kosmopolit.

Wenn Sie unsicher sind, ob Ihre Garderobe passend ist, können Sie vor Beginn des Landgangs auch das Bordreisebüro oder die lokalen Reiseführer fragen. Sie geben Ihnen sicher gerne eine direkte Rückmeldung. Sonst kann es wie in Abu Dhabi passieren, dass Sie vor Ort nicht aus dem Reisebus aussteigen dürfen, weil Sie den Dresscode nicht eingehalten haben.

Fotografieren ist nicht überall erwünscht

Falls Sie selbst in einer touristisch attraktiven Stadt wohnen, wissen Sie, wie unangenehm es sein kann, wenn Sie bereits morgens ungefragt von fremden Touristen im Vorgarten beim Frühstück fotografiert werden. Die gleiche Erfahrung machen natürlich auch die Bewohner einer Südseeinsel, denen Sie auf einer Kreuzfahrt begegnen. Auch sie wollen nicht ungefragt von 100 Touristen beim Baden ihres Babys abgelichtet werden – so schön und exotisch das Fotomotiv auch sein mag.

In Muscat im Oman empfiehlt die MS Artania ihren Gästen: *„Bevor Sie Personen fotografieren, fragen Sie diese bitte vorher um Erlaubnis. Omanische Frauen lassen sich nicht gerne fotografieren, bitte respektieren Sie das."*

Falls Sie die Landessprache nicht beherrschen, reicht es aus, kurz freundlich Blickkontakt aufzunehmen und mit einem Lächeln auf Ihre Kamera hinzuweisen. Die Frage „Darf ich?" kommt auch als Körpersprache verständlich an und wird in der Regel mit einem kurzen Nicken quittiert.

Besondere Vorsicht in totalitären Staaten

In Ländern, die touristisch noch wenig erschlossen sind, ist es hilfreich, wenn Sie vor Reisebeginn die Empfehlungen des Auswärtigen Amtes im Internet studieren. Sie sind in der Regel deutlich aktueller als gedruckte Reiseführer. Vor allem in Staaten, die von einem Militärregime geführt werden oder unter ethnischen Spannungen leiden, ist das für Kreuzfahrer von besonderer Bedeutung.

In der Regel können Sie davon ausgehen, dass die Reiseveranstalter gut informiert sind und politisch unsichere Häfen meiden, um ihre Gäste nicht zu gefährden. Häufig gelten in diesen Staaten Gesetze, die besagen: *„Das Fotografieren von Armee- und Polizeieinrichtungen, Flughäfen, Brücken und anderen öffentlichen Gebäuden ist verboten."*

Experten-Tipp:

Unvergesslich bleibt für mich eine Kreuzfahrt rund um Afrika, besonders der Landgang in Conacry, der Hauptstadt von Guinea. An der Hauptstraße machte ich einige Aufnahmen mit meiner kleinen Videokamera. Es fuhren Autos vorbei, Passanten überquerten die Straße – nichts Besonderes. Plötzlich wurde ich von der Geheimpolizei in Zivil umringt und auf das Präsidium abgeführt. Der zuständige Beamte behauptete, Aufnahmen seien verboten. Er ließ sich die Szenen zeigen und bestand darauf, dass sie gelöscht werden sollten.

Nach dem Verhör war ich glücklich, wieder freigelassen zu werden. In totalitären Staaten ist das nicht garantiert. Was ich vor der Einreise leider nicht wusste – und auch der Veranstalter hatte nicht darauf hingewiesen: In Guinea sind bis vor wenigen Jahren sämtliche Foto- und Videoaufnahmen grundsätzlich untersagt gewesen. Offensichtlich ist die Aufhebung nicht allen Beamten bekannt oder wird ignoriert, um ein Bestechungsgeld zu kassieren.

So begegnen Sie Armut

Als Kreuzfahrer werden Sie in fernen Ländern häufig als reiche Person wahrgenommen. Das hat nichts mit Ihrem Wohlstand zu tun, sondern mit der Anreise auf einem Schiff. Gerade auf Weltreisen legen die Schiffe mitunter in Häfen an, die ausgesprochen selten von Kreuzfahrtschiffen genutzt werden. Entsprechend exotisch ist das für die lokale Bevölkerung. Schnell kann es passieren, dass Sie von einer Kinderschar umringt sind, die um Geld bittet.

In Indonesien habe ich einen Mitreisenden beobachtet, der am Strand von 20 Kindern begleitet wurde. Er hielt eine 50-Euro-Note in der Hand und rief auf Deutsch: *„Wer will sie haben?"* Dieses Erlebnis wurde später auch an Bord unter den Passagieren heiß diskutiert.

Geben Sie bettelnden Kindern kein Bargeld

Meine Empfehlung: Besorgen Sie sich kleine Aufmerksamkeiten (Kugelschreiber, Notizblocks, Schulhefte), die Sie auf der Reise verschenken. Vermeiden Sie es aber, den Kindern Geld zu schenken. Sie prägen damit eine Kultur, die auf Jahre hinaus auch von den anderen Reisenden erwartet wird und dennoch keine nachhaltige Hilfe darstellt.

Bei Erwachsenen, die um Unterstützung bitten, kann es sinnvoll sein, dass Sie 1-Dollar-Noten zur Hand haben. Auch als Dankeschön für lokale Reiseleiter und Busfahrer sind 1-Dollar-Noten gern gesehen.

Richtiges Verhalten bei Gefahren

Die Reedereien weisen regelmäßig darauf hin: *„Lassen Sie beim Landgang Ihre Wertsachen bitte an Bord!"* Dennoch spazieren etliche Passagiere mit teurem Schmuck und auffälliger Designerkleidung durch benachteiligte Viertel und wecken damit Begehrlichkeiten.

Kleiden Sie sich dezent und lassen Sie auffällige Rucksäcke oder Taschen besser in Ihrer Kabine. Vermeiden Sie es, in gefährlichen Regionen allein unterwegs zu sein.

AUF DECK SECHS
MS ARTANIA

Experten-Tipp

Trotz aller Vorsicht sind Überfälle leider nicht völlig auszuschließen. Auf einer Kreuzfahrt war ich an einem Sonntag auf Papua-Neuguinea unterwegs. Zwei örtliche Guides zeigten uns gegen 14 Uhr das Parlamentsgebäude. Es gab um diese Zeit für mich keinen Grund, davon auszugehen, es könne gefährlich werden. Trotzdem wurde das Taxi direkt vor dem Eingang von einem Dieb mit Gewehr gestoppt. Der Fahrer und die Kreuzfahrtgäste mussten aussteigen sowie miterleben, wie der Dieb das Taxi samt den Wertsachen entführte. Die Polizei fing sofort an zu ermitteln und konnte noch am gleichen Tag den Dieb stellen. Er war gerade dabei, die gestohlene Videokamera mit den Aufnahmen der Gäste zu betrachten. Unglaublich, aber wahr: Noch vor Auslaufen des Schiffs bekamen die Gäste ihre Kamera wieder zurück.

TISCHORDNUNG: WANN SIE SELBST ENT-SCHEIDEN KÖNNEN, WO SIE GERNE SITZEN MÖCHTEN

Jede Reederei hat ein persönliches Konzept für die Tischordnung. Die klassischen Kreuzfahrten bieten feste Sitzplätze an – manchmal sogar von der gebuchten Kabinen-Kategorie abhängig. Außenkabine kann bedeuten, dass Sie auch im Restaurant einen Tisch mit Blick nach außen erhalten. Allerdings geben manche Veranstalter diese Buchungsregel offiziell nicht zu. Doch ein Ober hat mir auf meine Rückfrage einmal klar zu verstehen gegeben, dass „Innenkabine gleich Tisch in der Mitte des Restaurants" bedeute.

Hapag Lloyd testet zwei Konzepte

Für Passagiere an Bord der Europa 1 gibt es feste Tischplatzierungen: „Alle Mahlzeiten im Europa Restaurant werden in einer Sitzung eingenommen. Tischplatzwünsche für das Abendessen werden vor Reisebeginn jederzeit entgegengenommen und nach Möglichkeit berücksichtigt. Frühstück und Mittagessen werden in offener Sitzung eingenommen." Gemeint ist damit, dass die Gäste freie Platzwahl haben.
Ganz anders sieht es auf der neuen Europa 2 aus: „Die

Gastronomie steht mit flexiblen Tischzeiten, ohne feste Tischordnung und vielen Zweiertischen für Vielfalt und Flexibilität. Frühstück und Mittagessen werden in offener Sitzung eingenommen. Die Gäste haben dabei freie Sitzplatzwahl."

Freie Platzwahl bei den Hochseeschiffen von Phoenix

An Bord von MS Amadea und MS Artania essen die Gäste während extralanger Tischzeiten bei freier Platzwahl. Der Veranstalter betont: „Darüber hinaus haben wir spezielle Großtische für allein reisende Gäste reserviert, die sich dort zwanglos zum gemeinsamen Essen treffen können. Das wiederum ist nur ein Angebot, natürlich kann jeder allein reisende Gast auch an jedem anderen Tisch in den Restaurants mit anderen Gästen oder auch allein sein Essen einnehmen." Dieses Konzept der freien Platzwahl wird auch auf den Schiffen der AIDA-Flotte angeboten.

Überspielen Sie kleine Fehler im Service

Was auf dem Festland abstoßend wirkt, kommt auch auf dem Schiff nicht gut an: Wenn Gäste die Mitarbeiter von oben herab behandeln. Sie meinen, ein Recht darauf zu haben, sich im Restaurant oder in der Showlounge bevorzugte Plätze mit einem Trinkgeld erkaufen zu können. Bei einem routinierten Maître können Sie damit nicht punkten.

Umso angenehmer fallen Sie als Gast auf, wenn Sie kleine Fehler im Service überspielen und Mitarbeiter bei passender Gelegenheit loben. Mit dieser Haltung ermutigen Sie auch die mitreisenden Gäste.

Jammern auf hohem Niveau

Die meisten Menschen auf diesem Planeten können sich eine Kreuzfahrt gar nicht leisten. Umso peinlicher finde ich es, wenn mein Tischnachbar mäkelt: „Auf der gesamten Speisekarte finde ich gar nichts, was mir schmecken würde" oder „Wenn mein Stammplatz im Restaurant nicht mehr frei ist, werde ich heute auch nichts essen."

Jeder erfahrene Kreuzfahrer weiß, dass es auf der Speisekarte eines 4-Sterne-Schiffs immer auch Alternativen gibt. Und wer partout mal kein Gala-Essen mag, kann sich ein simples Käsebrot in die Kabine bestellen.

WIE SIE SICH BEI SEEKRANKHEIT STILVOLL VERHALTEN

Hoher Wellengang kann Ihnen auf allen Schiffen und Routen begegnen. In der Regel weisen die Kreuzfahrtdirektoren bei ihren Durchsagen bereits auf stürmisches Wetter hin. In manchen Fällen muss aus Sicherheitsgründen sogar das Außendeck gesperrt werden.

Warten Sie nicht zu lange

Erfahrene Seefahrer bereiten sich bereits vor der Abreise auf eine mögliche Seekrankheit vor und besorgen sich in der Apotheke entsprechende Medikamente. Da alle Schiffe mit einem Bordarzt unterwegs sind, können Sie sich bei hohem Seegang auch von ihm beraten lassen und Tabletten erhalten.

Sagen Sie Einladungen ab

Falls Sie bei starkem Seegang als Gast am Kapitäns- oder an einem Offizierstisch eingeladen sind und sich unwohl fühlen, können Sie ohne Probleme absagen. Bitte riskieren Sie keine „Panne" in der Öffentlichkeit, falls Sie sich übergeben müssen. Ihren Gastgebern ist es auf jeden Fall lieber, wenn Sie offen kommunizieren. Nach Möglichkeit werden Sie zu einem späteren Termin erneut eingeladen.

EXPERTEN-TIPP VON

DR. SVEN CARSTEN MÜLLER

*langjähriger Schiffsarzt
(MS Deutschland und MS Europa)*

Wenn Sie zum ersten Mal auf einer Kreuzfahrt sind, sollten Sie mit der Einnahme von Medikamenten nicht warten, bis Sie wirklich seekrank sind. Ich empfehle Ihnen, lieber zu früh als zu spät aktiv zu werden. Entweder medikamentös mit Reisetabletten (die allerdings müde machen) oder mit dem Wirkstoff Cinnarizin 75 mg (erhältlich in Apotheken oder, wenn es mal wieder einen Engpass bei der Herstellung gibt, über internationale Apotheken aus Österreich beziehungsweise der Schweiz, wo dieses Mittel auch offiziell zur Bekämpfung von Seekrankheit zugelassen ist).

Viele Passagiere schwören auch vorbeugend auf Ingwerpräparate oder Ingwertee, der bei nicht zu hohem Seegang Wunder vollbringen soll.

Was zu tun ist, wenn es Sie erwischt hat (keine Schande – selbst langjährige, erfahrene Seebären sind oft nicht seefest!), kann man nicht allgemein sagen: Dem einen hilft frische Luft und ein Blick zum Horizont, dem anderen das Decke-über-den-Kopf-und-abwarten-Prinzip. Auf jeden Fall wirkt eine vom Schiffsarzt verabreichte Spritze sehr schnell und effektiv.

35

Nehmen Sie sich die passenden Mittel schon aus Deutschland mit: Wenn Sie sie an Bord erwerben, sind sie meist fünfmal so teuer.

„NICHT NUR DIE STAATEN SEHEN, SONDERN DEN MENSCHEN BEGEGNEN"

INTERVIEW MIT OKSANA KUTSIN

Kann ich mein neues Smartphone und andere Wertsachen mit an Land nehmen?

In Osteuropa ist man technikversessener als in Deutschland. Es gehört dazu, immer die neuesten Geräte zu besitzen. Ich kann also mein Smartphone oder die neue gute Kamera bedenkenlos mitnehmen, sollte aber darauf gut aufpassen – im Straßencafé, zum Beispiel, lasse ich sie keinesfalls offen auf dem Tisch liegen.

Wie reagieren die Einheimischen auf meinen Besuch?

Sehr freundlich. Als Reisende brauche ich keine Berührungsängste zu haben. Auch wenn mich jemand anspricht, muss ich nicht denken, man sei auf meine Geldbörse aus. Small Talk und freundliches Miteinander gehören dazu. Man kann nach dem Weg fragen oder selbst auf eine Bitte reagieren. Ich habe zum Beispiel miterlebt, dass ein russisches Pärchen eine deutsche Reisegruppe bat, von ihnen ein Foto zu machen – sie wurden von allen ängstlich ignoriert. So ein Verhalten verwundert die Einheimischen.

Wie komme ich mit Einheimischen ins Gespräch?

Ganz leicht. Nicht selten passiert es, dass sich im betriebsamen Café jemand zu mir an meinen Tisch setzt oder im Park auf meine Parkbank. Dann ist es einfach, in ein kurzes Gespräch zu kommen. Einen Fremden anzusprechen, bedeutet nichts Verfängliches. In Osteuropa und in Estland pflegt man gerne die Kunst des Small Talks.

Worüber kann ich mich unterhalten?

Ich würde mich über ein gutes Essen unterhalten, das ich probiert oder eine faszinierende Sehenswürdigkeit, die ich besucht habe. Manchmal sind es aber gerade die Einheimischen, die mich fragen, was ich von der Außenpolitik Russlands oder Putins Präsidentschaft halte. Diese Themen würde ich vermeiden, denn ich komme ohnehin nicht gegen die meinungsbildenden Medien an. Es wäre ein sinnloses Gespräch. In Estland besteht dieses Tabu überhaupt nicht.

Gibt es Gestik oder Mimik, die anders eingesetzt wird?

Ja, das Lächeln ist in dieser Kultur ehrlich gemeint. Dass man bloß aus Höflichkeit lächelt, wäre in Osteuropa und Estland nicht üblich. Im Gegenteil, es könnte sogar falsch verstanden werden: Es wäre ein Flirt, würde ich mein andersgeschlechtliches Gegenüber ständig anlächeln. Manchmal denken Deutsche deshalb, die Einheimischen seien

unfreundlich. Der wahre Grund ist aber, dass das Lächeln für wahre Gefühle reserviert wird – echte Freunde und gute Bekannte zum Beispiel werden angelächelt.

Welche Gesprächslautstärke ist angebracht?

Ich senke meine Stimme, wenn ich mich in der Öffentlichkeit unterhalte. Dadurch will ich die anderen mit meinem privaten Gespräch nicht stören. Doch Touristen fallen leider oft durch ihre unhöfliche Lautstärke auf. Auch sich lautstark die Nase zu putzen, gilt als sehr unhöflich. Man macht es leise und diskret.

Wann hält man Abstand?

Eine Frau wird aus Respekt nur mit Kopfnicken begrüßt. Nur sehr selten wird ihr die Hand gereicht. Eine Ausnahme sind hoch offizielle Anlässe, wenn z. B. Frau Merkel von Herrn Putin empfangen wird. Unter

Männern begrüßt und verabschiedet man sich aber mit Handschlag, genauso wie in Deutschland.

Wann wird es eng?

Beim Anstehen rücken die Einheimischen näher zusammen, als wir das in Deutschland tun. Auch dass sich jemand durch die Lücken hindurchzwängt, um auf die andere Seite der Schlange zu gelangen, ist normal. In Warteschlangen oder bei Sehenswürdigkeiten muss ich also mit Körperberührung rechnen.

Was muss ich beachten, wenn ich als Paar reise?

Mit meinem Partner Zärtlichkeiten auszutauschen, ist unbedenklich – so lange wir kein gleichgeschlechtliches Paar sind, denn dann wäre schon Händchenhalten problematisch. Solche Partnerschaften sind in Osteuropa nicht toleriert, in Russland kann man sogar mit dem Gesetz in Konflikt kommen.

Worauf sollte ich Wert legen, wenn ich mit meinen Kindern reise?

Die Einheimischen sind sehr kinderfreundlich. Sie legen allerdings Wert darauf, dass Kinder wohlerzogen sind. Sie sollten andere nicht belästigen. Wenn ich mit Kindern reise, heißt das zum Beispiel, dass sie im Bus die Füße nicht gegen den vorderen Sitz drücken.

Darf ich Menschen bedenkenlos fotografieren?

Auf der Hauptstraße Newski Prospekt in St. Petersburg würde ich bedenkenlos den Straßenzug mit den vielen hunderten Menschen fotografieren. Wenn ich aber auf einer Parkbank eine ältere Dame mit ihrer Enkelin beobachte, wäre es höflicher, sie vor meiner Aufnahme um Erlaubnis zu fragen.

Wo ist Fotografieren heikel?

Militär ist grundsätzlich heikel. Wenn ich ein Mahnmal knipsen will, aber zwei Seeleute davor Wache halten, wäre ein Foto noch in Ordnung – es geht mir ja um die Sehenswürdigkeit. Anders ist es, wenn ich im Hafen von St. Petersburg ein Militärschiff ablichte. Außerdem gibt es in Russland strategische Objekte, die zu fotografieren verboten ist. Dazu zählen Flughäfen, Brücken oder Bahnhöfe.

Darf ich feilschen, wenn ich zum Beispiel eine Matroschka-Holzpuppe kaufen will?

Ja, ich kann es zumindest versuchen. Wenn es Festpreise geben sollte, merke ich das schnell. Ansonsten ist Handeln angebracht. Ich kann beispielsweise immer versuchen, einen Mengenrabatt zu bekommen.

Wie bezahlt man üblicherweise seine Rechnung im Café oder Restaurant?

Es ist nicht üblich, dass getrennt bezahlt wird.

Die Bedienung bringt eine Mappe, in der sich die Rechnung befindet. Dort lege ich das Geld hinein, gebe die Mappe zurück und erhalte dann das Wechselgeld – wieder in der Mappe.

Wird von mir erwartet, dass ich Trinkgeld gebe?
In einem Café würde ich 10 Prozent geben. Das Trinkgeld lasse ich einfach nach dem Bezahlvorgang in der Mappe liegen. Auch meinem Reiseleiter oder meiner Reiseleiterin sollte ich etwas am Ende der Führung geben. Allerdings würde ich das kein Trinkgeld nennen, sondern es eher als Wertschätzung ihrer Leistung sehen und mich ausdrücklich dafür bedanken – schließlich arbeiten sie nicht wegen des Trinkgelds, sondern weil sie hochgebildete Leute sind, die mir ihr Land nahebringen wollen.

Kann ich bettelnden Menschen etwas geben?
Ich würde, wie die Einheimischen auch, bettelnden Kindern nichts geben. Nicht selten sind sie professionelle Kinderbettler, das Betteln ist ihr Job. Helfen würde ich ihnen dadurch nicht. Wenn sie in den Cafés umhergehen, sollte ich besonders auf meine Wertsachen aufpassen.

Wie kann ich dennoch Kindern in Armut helfen?
Wenn ich wirklich helfen will, sollte ich an ein Kinderheim spenden. Ich könnte meinen Reiseleiter darauf ansprechen. Vielleicht kennt er eines und kann eine spontane Besichtigung organisieren, damit ich meine Spende direkt übergeben kann. Die Kinder dort können es wirklich gebrauchen. Sie haben oft nicht einmal das Nötigste.

ISAAKSKATHEDRALE
IN SANKT PETERSBURG

44

Welche Kleidung sollte ich tragen, wenn ich eine Kirche besichtigen möchte?

Als Frau sollte ich mir ein Tuch mitbringen, um meine Haare zu bedecken. Ein Hut tut es auch. Bei den Männern ist es genau umgekehrt – sie nehmen die Kopfbedeckung ab. Nicht angebracht ist es, wenn ich dort Shorts oder kurze Röcke trage.

Kann ich an einem orthodoxen Gottesdienst teilnehmen?

Theoretisch schon. Nur dauern die orthodoxen Gottesdienste bis zu zwei Stunden. Ich könnte aber im Eingang stehen bleiben und für einige Momente die Atmosphäre schnuppern: Den Weihrauch riechen. Die Gläubigen beobachten, die stehend vor dem Altar beten. Die farbenfrohen Gewänder der Priester bestaunen. Fotografieren ist während des Gottesdienstes allerdings nicht erlaubt. Außerhalb der Gottesdienste kann ich natürlich eine Kerze anzünden. Es ist ein schöner Brauch, so lange in der Kirche zu warten, bis die Kerze abgebrannt ist – das dauert etwa 15 Minuten.

Wie verhalte ich mich, wenn ich von der Polizei kontrolliert werde?

Als Ausländer brauche ich meinen Pass mit meinem Visum. Wenn die Polizei mich kontrolliert, kann ich davon ausgehen, dass sie wirklich Recht und Ordnung im Sinn haben. Es kommt aber selten vor, dass Touristen überprüft werden.

Was kann ich von der Kultur lernen?

Ich lerne nicht nur die Staaten zu sehen, sondern den Menschen zu begegnen. Und ich werde entdecken, dass sie warmherzig, offen, humorvoll und gastfreundlich sind.

INTERVIEW MIT

OKSANA KUTSIN

Oksana Kutsin ist in Kiew geboren. Ihre Mutter ist Russin, ihr Vater Ukrainer. Ein Teil ihrer Familie wohnt in Estland. 1993 kam sie nach Deutschland, um hier Psychologie zu studieren. Seit zehn Jahren arbeitet sie als interkulturelle Trainerin – unter anderem bei der crossculture academy – für deutsche Firmen und für deren Tochterfirmen in Moskau, Sankt Petersburg und Kiew.

„MIT FREUND-LICHKEIT UND GEDULD KOMMT MAN SEHR VIEL WEITER"

INTERVIEW MIT ALEXANDRA METZGER

Welchen Dresscode gilt es in der Öffentlichkeit zu beachten?

In den südeuropäischen Ländern wird hoher Wert auf geschmackvolle Kleidung in der Öffentlichkeit gelegt. Zwar wird der pragmatische Kleidungsstil der Touristen mit Shorts und offenen Schuhen geduldet, entspricht aber nicht unbedingt den Regeln der „bella figura", was in Italien so viel bedeutet wie „einen guten Eindruck hinterlassen". Angesichts der hohen Temperaturen ist eine passende Kopfbedeckung Pflicht.

Wie reagieren die Einheimischen auf meinen Besuch?

Grundsätzlich sind die Einheimischen sehr offen und kommunikativ. Man agiert wesentlich menschenorientierter und aufgeschlossener, weswegen man ohne Probleme ein wenig Small Talk halten kann. Auch Gastfreundschaft ist ein Attribut, das die Bewohner der südeuropäischen Länder auszeichnet.

Wie unterscheiden sich die Länder untereinander?

Malta beispielsweise hat eine britische Vergangenheit und deswegen Linksverkehr und 3-polige Stecker wie in Großbritannien. Auch wenn die Mentalitäten alle ähnlich sind, darf man sie nicht über einen Kamm scheren. Es wäre zum Beispiel ein fataler Fehler, die Portugiesen mit den Spaniern gleichzusetzen.

Worüber kann ich mich in einem Small Talk unterhalten?

Am besten ist es, über positive Erfahrungen der Reise zu sprechen: beeindruckende Orte, das gute Essen, die vielseitige Kultur und die Sehenswürdigkeiten, die man besichtigt hat. Über das Wetter zu sprechen, macht in den zumeist sonnigen Regionen keinen Sinn. Tabu sind kritische Bemerkungen über den Katholizismus und Bräuche (z. B. Stierkämpfe), Diskussionen über die Wirtschaftskrise oder Kritik am Land selbst – etwa die mangelnde Infrastruktur oder in Spanien die Monarchie. Auch Anmerkungen über die typischen Stereotype haben in einem Gespräch nichts zu suchen.

Wie sieht es mit der Begrüßung aus?

Da die Einheimischen sehr menschenorientiert sind, wird man in einem Geschäft schnell mit einem „Wie geht es Ihnen?" begrüßt, das man freundlich beantwortet. Wenn man etwas vertrauter ist, ist ein Handschlag üblich. Bei engeren Bekanntschaften gibt es durchaus auch mal ein Küsschen links und rechts. Üblich ist dies zwischen zwei Frauen, Mann und Frau, jedoch nicht zwischen zwei Männern.

Im Zusammenhang mit der Gastfreundschaft: Wo fängt die Privatsphäre der Einheimischen an?

Das Haus und Heim ist normalerweise nur für die engsten Freunde und Verwandten gedacht,

CANAL GRANDE
VENEDIG, ITALIEN

deshalb trifft man sich als weniger Bekannte oft auch in Cafés oder Restaurants. Für Deutsche scheint es manchmal eher so, als würden sie selbst durch die offene Art der Einheimischen ein wenig „bedrängt" werden. Hier ist es wichtig, der herzlichen und offenen Art ebenso entspannt und freundlich zu begegnen.

Kann ich bedenkenlos Fotos machen?

Alles rund ums Thema Sightseeing ist normalerweise kein Problem. Bei manchen Kulturstätten oder Kirchen kann das Fotografieren untersagt sein – hier sollte man auf die Hinweise am Eingang achten.

Was gibt es zu beachten, wenn ich mit meiner Familie reise?

In den südeuropäischen Ländern hat man grundsätzlich weniger Scheu davor, auch mal einem fremden Kind den Kopf zu streicheln. Auf deutsche Kinder, die das eher weniger kennen, kann das befremdlich wirken. Dies ist allerdings ein Teil der beziehungsorientierten Mentalität der Einheimischen.

Ist es üblich, in Läden um den Preis zu feilschen?

Das Handeln ist auf jeden Fall üblicher als in vielen anderen europäischen Ländern. Während in Kaufhäusern der normale Preis gezahlt wird, bieten sich Märkte dazu an, ein wenig zu feilschen. Beachten sollte man dabei allerdings, dass auch teilweise Piraterieprodukte und Produkte von geschützten Tieren zum Verkauf stehen – das ist illegal und kann außerdem beim Zoll zu bösen Überraschungen führen.

Gibt es eine Restaurant-Etikette?

In den meisten Restaurants wartet der Besucher am Eingang, bis ihn eine Bedienung an einen freien Platz geleitet. Zweiergruppen werden dabei ausschließlich an einen Tisch mit zwei Plätzen gebracht – und müssen gegebenenfalls etwas warten, auch wenn Vierertische frei wären. Auch die Mahlzeiten weichen vom deutschen Standard ab: Mittagessen gibt es meist zwischen 14 und 15 Uhr, Abendessen zwischen 20 und 22 Uhr. Zu den in Deutschland üblichen Zeiten haben viele Restaurants womöglich noch gar nicht geöffnet.

Wie sieht es mit Trinkgeld aus?
In der Regel gibt man 5 bis 10 Prozent Trinkgeld, je nachdem, ob man in einem teuren Restaurant oder einem kleinen Café an der Ecke ist. Die Rechnung kommt üblicherweise auf einem kleinen Tablett. Man begleicht die Rechnung bei der Bedienung, lässt sich das Wechselgeld herausge-ben und hinterlässt das Trinkgeld auf eben jenem Tablett.
Auch Reiseleiter freuen sich über einen kleinen Obolus, wenn sie ihre Sache gut gemacht haben.

Sollte man Bettlern Geld geben?
Das ist eine schwierige Situation, da man nie weiß, was passiert. Wenn man Geld gibt, werden schnell andere Bettler aufmerksam und vielleicht aufdringlich – gerade bei bettelnden Kindern. Man sollte hier freundlich darauf hinweisen, dass man kein Kleingeld hat. Ähnlich schwierig verhält es sich, wenn man mit Nahrungsmitteln oder anderen brauchbaren Utensilien helfen möchte – hier muss jeder selbst wissen, wie er damit umgehen möchte.

Was muss ich beachten, wenn ich Kirchen oder andere historisch-religiöse Stätten betrete?

Man sollte sich unbedingt respektvoll verhalten, das heißt: Handy aus, nur leise sprechen und den Dresscode einhalten. Hierzu gehören meistens geschlossene Schuhe, keine Shorts oder Miniröcke, zudem sollten Frauen die Schultern bedecken. In manchen Kirchen gibt es kleinere Kapellen, die dem Gebet vorbehalten sind. Hier sollte man nur hineingehen, wenn man auch selbst beten möchte.

Ist es mir gestattet, an Gottesdiensten und ähnlichen religiösen Veranstaltungen teilzunehmen?
Wenn man sich einfügt und nicht nur mit der Kamera danebensteht, ist das kein Problem. Auch Angehörige anderer Konfessionen können an Gottesdiensten teilnehmen, werden dann aber natürlich nicht die heilige Kommunion empfangen.

Wie steht es um die Sicherheit in den besagten Ländern?
Auf Taschendiebe und Trickbetrüger sollte man sich an wichtigen Sehenswürdigkeiten schon einstellen. Ansonsten muss man sich eigentlich keine Sorgen machen. Das Auswärtige Amt informiert zudem über eventuelle Vorkommnisse, so kann man sich vor der Reise bereits einen Überblick verschaffen. Auch beim Kontakt mit der Polizei muss man keine Bedenken haben. Es gilt: freundlich bleiben. Noch ein wichtiger Hinweis: Die Bußgelder fallen in den südeuropäischen Ländern wesentlich höher aus als in Deutschland.

Was hat es mit der „Siesta" auf sich?
Die „Siesta" ist eine Ruhezeit, meistens zwischen 14 und 17 Uhr, in der viele Geschäfte schließen. Dies ist der Hitze geschuldet, der sich viele für einige

Stunden entziehen möchten. In Unternehmen gibt es mittlerweile allerdings keine „Siesta" mehr.

Was kann man von diesen Kulturen lernen?

Einerseits ist die Essenskultur ein wichtiger Punkt: Hier geht es nicht nur darum, seinen Hunger zu befriedigen, sondern auch die Gemein-schaft mit Freunden und Familie zu pflegen. Von Südeuropäern kann man lernen, offener mit Menschen zu interagieren. Mit Freundlichkeit und Geduld kommt man hier sehr viel weiter, als wenn man sich bei Problemen bockig verhält und beschwert.

INTERVIEW MIT

ALEXANDRA METZGER

Alexandra Metzger ist ausgebildete Kulturwirtin mit Spezialisierung auf südeuropäische und lateinamerikanische Länder. Seit acht Jahren ist sie im interkulturellen Bereich als Coach, Trainerin und Beraterin für die Crossculture Academy tätig. Ihr Anliegen ist es, den interkulturellen Dialog zu fördern und zudem Menschen aus eben jenen Ländern die deutsche Mentalität näherzubringen.
www.alma-hispano-dialog.de
www.crossculture-academy.com

„DER MENSCH STEHT IM MITTELPUNKT DER GESELLSCHAFT"

INTERVIEW MIT UTA SCHULZ

56

Gibt es einen Dresscode, den es zu beachten gilt?

Die Skandinavier sind in der Regel sehr modisch gekleidet, im Alltag eher casual. Natürlich sollte man sich, wenn man etwa eine Bergtour vorhat, entsprechend kleiden und ausrüsten. Dasselbe gilt selbstverständlich auch für die Wintersaison. In Norwegen gelten Gummistiefel übrigens nahezu als modisches Accessoire, das man durchaus bewusst trägt.

Wie reagieren Einheimische auf Touristen?

Tendenziell immer nett, freundlich, offen und hilfsbereit. Manchmal wird das von Deutschen fehlinterpretiert — das hat nämlich nicht zwangsläufig etwas mit Freundschaft zu tun, sondern ist Teil der Kultur. Der Mensch steht im Mittelpunkt, was sowohl im privaten und gesellschaftlichen als auch im beruflichen Umfeld gepflegt wird.

Wie unterscheidet sich die Mentalität der Skandinavier und Finnen von der deutschen Mentalität?

Auf jeden Fall durch die große Hilfsbereitschaft, vor allem Benachteiligten gegenüber – das ist auch der Kerngedanke der skandinavischen Sozialstaaten. Dieses Attribut ist sehr stark in der Kultur verwurzelt. Die Skandinavier gehen davon aus, dass alle Menschen gleich (gut) sind. Das bedeutet im Gegenzug aber auch –

und das wirkt womöglich etwas widersprüchlich, – dass Touristen beispielsweise keine Kofferträger in Hotels vorfinden werden, wie es in anderen Ländern der Brauch ist. Nach dem Motto „Wer reisen kann, agiert auch selbstständig" fänden es Skandinavier fast schon peinlich, diese Rolle einem anderen Menschen zuzumuten.

Wie steht es um das Nähe-Distanz-Verhalten in den nordischen Ländern?
Sowohl die Skandinavier als auch die Finnen haben das Bedürfnis nach einem größeren Abstand zu ihren Mitmenschen, beispielsweise im Gespräch oder in Schlangen. Was die Distanz angeht, sind die Dänen am schmerzfreisten, Norweger und Schweden pflegen einen recht großen Abstand, der von den Finnen noch überboten wird. Als Deutscher muss man daher darauf achten, sich nicht aus Versehen beim Anstehen vorzudrängeln. Eine Schlange kann durchaus größere Abstände zwischen den wartenden Personen haben.

Welche Sprechlautstärke ist angebracht?
Skandinavier und Finnen sprechen und lachen eher leise. Wer laut lacht, könnte den Verdacht wecken, betrunken zu sein. Deutsche fallen durch ihre laute, unbeabsichtigt respektlose Art leicht negativ auf. Insgesamt ist ein ruhiges, bescheidenes Auftreten ein angebrachtes Verhalten.

Wie konfrontationsfreudig sind die Einheimischen?
Dänen und Finnen haben kein größeres Problem, Kritik zu äußern. Norweger sind dabei sehr freundlich; Schweden sogar so freundlich, dass wir Deutschen das manchmal überhaupt nicht als Kritik wahrneh-

men. Deshalb werden Deutsche manchmal als unsensible Zeitgenossen wahrgenommen, da sie die vorsichtig geübte Kritik übergehen. Oft werfen Schweden Deutschen vor, sie würden nicht zuhören. Wir sind gut beraten, wenn wir alle Antennen ausgefahren haben und sehr aufmerksam auf die Reaktion der anderen achten, gerade weil sie manchmal sehr indirekt kommunizieren.

Ist es gängig, Small Talk zu führen?
Ein Gespräch über das Wetter geht immer.
Gerade wenn man alleine unterwegs ist, wird man oft auf sein Reiseziel und seine Herkunft angesprochen und auch ganz konkret: Woher kommst du, wohin gehst du heute? Auch hier ist die Intention der Einheimischen, nachzuspüren, ob die Person beispielsweise ausreichend gerüstet ist für ihre Tour und auch unbe-

schadet an- und wieder zurückkommt.
Und an der Bar kann man sich behutsam an die allgemeinen Themen herantasten, die den Gesprächspartner vielleicht interessieren könnten.

Welche Gesprächsthemen sind denn tabu?
Gerade in Dänemark und Norwegen ist der Zweite Weltkrieg durchaus noch präsent. Das hat zunächst keine Auswirkung auf das persönliche Verhältnis, doch sobald ich in das Klischee des „lauten, dominanten Deutschen" falle, klingeln alle Alarmglocken. Da sind Dänen und Norweger schnell empfindlich.
Tabu sind zudem alle Bemerkungen, die diskriminierend sind: Witze über Menschen mit Behinderungen, Frauenwitze, Ausländerwitze. Die Toleranz und Freundlichkeit in den nordischen Ländern wird generell allen entgegengebracht,

weswegen entsprechende Witze befremdlich wirken.

Kann ich mit meiner Familie problemlos herumreisen?

Absolut. Die Skandinavier und Finnen sind sehr familienfreundlich. Dort mit Familie unterwegs zu sein, gestaltet sich oft wesentlich angenehmer als hier in Deutschland.

Welche Besonderheiten gibt es, wenn es um die Privatsphäre geht?

Es gibt in Norwegen, Schweden und Finnland das sogenannte Jedermannsrecht. Das heißt, man darf die Natur frei nutzen, privaten Grund überqueren, eine Nacht frei in der Natur zelten. Dabei ist es jedoch wichtig, die Orte sauber zu verlassen, keine private Brücke oder Ähnliches zu benutzen und einen respektvollen Abstand zu privaten Häusern zu wahren. Wir Deutsche haben hierfür oft nicht so das Gespür – lieber ein wenig zu viel Abstand halten als zu wenig.

Wie ist das Verständnis vom Geschäftemachen und Handeln?

Man erwartet, dass ein gutes Produkt auch einen entsprechenden Preis kosten darf. In den nordischen Ländern wird in der Regel Wert auf hohe Qualität, faire Produktion, gutes Design und auch Tierschutz gelegt. Dementsprechend sind die Preise – Feilschen ist hier fehl am Platz.

Wie sieht es mit dem Trinkgeld aus?

An Orten, wo viele internationale Touristen sind, ist es üblich, Trinkgeld zu geben. Hier sind 5 bis 10 Prozent angemessen. Im Landesinneren ist es durchaus so, dass die Bedienung ihre Provision im Preis inbegriffen hat.

Wie muss ich mich ver-

halten, wenn ich Kirchen besuche?

Letztendlich gilt der gleiche Dresscode wie in Deutschland auch. Die Skandinavier sind grundsätzlich sehr tolerant, ein würdiges Auftreten in Kirchen und an religiösen Stätten sollte selbstverständlich sein. Es gibt durchaus sehr religiöse Skandinavier, die ziemlich strikte Lebensvorstellungen haben – darunter fällt auch der Verzicht auf Alkohol.

Wie ist denn das allgemeine Verhältnis zu Alkohol?

Alkohol ist ein sehr heikles Thema, vor allem in Norwegen, Schweden und Finnland. Es gibt traditionell nicht so eine alltägliche Trinkkultur wie in vielen Gegenden Europas. Das, was in den nordischen Ländern relativ problemlos produziert werden konnte, war in der Regel Schnaps. Und dieser wird nicht zum alltäglichen, geselligen Genuss zu den Mahlzeiten mit der Familie konsumiert, sondern oft um zu vergessen. Mit der Etablierung der Sozialstaaten hat man sich aus gesellschaftspolitischen Gründen das Ziel gesteckt, das Volk vor dem Alkohol zu schützen. Entsprechend ist Alkohol sehr hoch besteuert und das Konsumieren von Alkohol in der Öffentlichkeit zumeist nicht gestattet. Daher sollten wir in dieser Frage sehr sensibel agieren.

Wie steht es um die Sicherheit?

In den Ballungszentren gibt es durchaus Kriminalität, jedoch ist dies ja an fast allen Orten so, wo sich viele Menschen ansammeln. Tendenziell sind die Skandinavier sehr vertrauensvoll, wenn es um ihre Besitztümer geht: Fahrräder werden oft nicht abgeschlossen, auf dem Land sind die Wohnungen offen, das Gepäck wird auch mal unbeaufsichtigt stehen gelassen – das klaut sowieso keiner. In der Regel funktioniert das auch so.

Was kann ich von dieser Kultur lernen?
Mich persönlich beeindruckt das Verhältnis zu und der Umgang mit den Mitmenschen. Es gibt ein allgemeines Bedürfnis, dass es dem Menschen gut geht – und dafür bin ich persönlich, ist jeder Einzelne verantwortlich. Das zieht sich durch die gesamte Gesellschaft. Das würde auch uns und unserer Gesellschaft gut tun: zu verstehen, dass immer der Mensch und die individuellen Bedürfnisse meines Gegenübers im Mittelpunkt stehen.

INTERVIEW MIT

UTA SCHULZ

Uta Schulz hat Skandinavistik und Betriebswirtschaftslehre studiert und arbeitet als systemische Organisationsberaterin und interkulturelle Trainerin für die Crossculture Academy für die skandinavischen Länder. Sie begleitet Unternehmen bei der Organisations-, Personal- und Team-Entwicklung in internationalen Schnittstellen, insbesondere im deutsch-skandinavischen Raum. Im September 2014 ist ihr Buch „Geschäftskultur Schweden kompakt" beim CONBOOK Verlag erschienen.
www.svetys.net

„NICHT NUR DIE SONNENBRILLE EINPACKEN, SONDERN AUCH EINE PORTION GEDULD"

INTERVIEW MIT MICHAEL GREISSEL

Wenn ich in der Türkei von Bord gehe, was sollte ich anziehen?

In einer Stadt wie Istanbul wird mir alles begegnen – vom schwarzen Tschador bis zum bauchfreien Oberteil inklusive Tätowierung. Trotzdem bin ich gut beraten, wenn ich lange Kleidung trage, also wenn ich Knie und Schultern bedecke. Dann nämlich bin ich auch für traditionellere Stadtteile oder die Städte Trabzon und Sinop passend gekleidet.

Worauf muss ich mich einstellen, wenn ich in die Stadt gehe?

Auf das Verkehrschaos. Gerade Istanbul leidet unter einem permanenten Verkehrsinfarkt. Abfällige Bemerkungen wie „Könnt ihr nicht mehr U-Bahn-Linien bauen?" helfen da weniger. Ich würde also nicht nur die Sonnenbrille einpacken, wenn ich von Bord gehe, sondern auch eine Portion Geduld und Respekt. Ich stelle mich darauf ein, dass alles ein wenig länger dauern kann.

Wie begegnen mir die Einheimischen?

Istanbul ist Besucher gewohnt. Nicht nur deutsche, auch tausende arabische und zentralasiatische Touristen strömen in die polyglotte Stadt. Die Einheimischen sind offen und freundlich. Sie sind stolz auf die berühmte türkische Gastfreundschaft.

Wie begrüße ich jemand?

So unterschiedlich die Menschen in einer Megacity wie Istanbul sind, so verschieden sind ihre Begrüßungsrituale. Manche legen die rechte Hand aufs Herz und verneigen sich leicht. Andere geben mir auch die Hand. Religiöse Muslima würden das wahrscheinlich aber nicht tun. Ich empfehle deshalb abzuwarten, was mein Gegenüber macht, und entsprechend zurückgrüßen.

Kann ich einfach jemand Fremdes ansprechen?

Selbstverständlich. Fußball ist tolles Thema für einen Small Talk. Außerdem ist ein es beliebt, Deutsche zu fragen, wo genau sie herkommen. Bestimmt wird mein Gesprächspartner von einem Onkel oder Cousin erzählen, der schon einmal in derselben Stadt gelebt hat. So möchte man eine gemeinsame Gesprächsbasis finden.

Gibt es Gestik, die anders eingesetzt wird, als wir Deutsche das tun?

Die gibt es. Wenn man etwas verneint, dann schüttelt man nicht den Kopf, wie wir Deutsche das tun, sondern wirft ihn zurück. Ein Ja drückt man dadurch aus, dass man den Kopf schräg nach unten bewegt oder die Augen niederschlägt.

Was mache ich, wenn ich mich verlaufen habe?

Am besten frage ich an einem Zeitungsstand oder Kiosk nach. Die Besitzer haben meistens die besten Ortskenntnisse. Kioske sind übrigens eine türkische Errungenschaft: Sie waren die Wasser- und Erfrischungshäuschen im Osmanischen Reich.

Welches Empfinden für Körperdistanz haben die Menschen?

In der Türkei hat man deutlich häufiger Körperkontakt als in Deutschland, vor allem wenn man mit Linie T1, der „Tramvay", in Istanbul unterwegs ist. Nichtsdestoweniger gelten hier europäische Regeln, d. h. ich kann um etwas mehr Abstand bitten, wenn ich mich bedrängt fühle.

Gehört das Feilschen dazu, wenn ich etwas kaufe?

Ja, das wird irgendwie erwartet. Viele Verkäufer haben außerdem Spaß daran, eine kleine Verkaufsshow für ihre Besucher aufzuführen. Wenn ich allerdings verbissen und mit finsterer Miene versuche, den Preis zu drücken, verlieren sie die Freude und ich habe schlechte Erfolgschancen.

Wird erwartet, dass ich Trinkgeld gebe?

In einem Café oder Restaurant gebe ich zwischen 10 und 15 Prozent. Allerdings zahlt man in der Türkei nicht getrennt, wenn man als Gruppe an einem Tisch sitzt, sondern alle zusammen. Trinkgeld kann ich auch in Euro geben – das ist so etwas wie eine inoffizielle, zweite Währung.

Sollte ich meinem Reiseleiter einen Obolus zukommen lassen?

Das kommt ganz auf den einzelnen Reiseleiter und die Agentur an, für die er arbeitet – manche von ih-nen zahlen weniger gut. Ich würde versuchen, sensibel zu erspüren, ob mein Reiseleiter oder meine Reiseleiterin von meinem Trinkgeld abhängig ist. Freuen wird sich aber bestimmt jeder über einen Obolus.

Wird in der Türkei gebettelt?

Im Moment gibt es einen starken Zuzug in Städte wie Istanbul – es kommen Flüchtlinge aus Syrien, aber auch Menschen aus den ärmeren anatolischen Regionen. Manche von ihnen landen leider auch auf der Straße. Aggressives Betteln ist allerdings nicht verbreitet.

Wie kann ich helfen, wenn mir Armut begegnet?

Die Armenfürsorge ist ein Pfeiler des Islam. Deshalb gibt es unzählige muslimische Wohlfahrtsorganisationen, die langjährige Erfahrung im Land haben. Ich würde in einer

Moschee nach der Spendenbox suchen. Was ich dort hineinlege, geht oft an diese Organisationen. Oder ich frage meinen Reiseleiter.

Was muss ich anziehen, wenn ich eine Moschee besuchen möchte?

Ich empfehle, eine lange Hose oder einen langen Rock zu tragen, dazu ein T-Shirt. Zwar kann man in der Moschee meistens auch Tücher leihen, um sich zu bedecken – man muss aber damit rechnen, dass sie nur in größeren Abständen gewaschen werden. Da ich am Eingang die Schuhe ausziehe, würde ich auch darauf achten, dass meine Socken keine Löcher haben.

Wie sollte ich mich in einer Moschee verhalten?

Wenn ich eine Moschee betrete, achte ich darauf,

dass ich mich nicht vor einen betenden Menschen stelle. So würde ich die Verbindung stören zwischen ihm und der Kaaba, dem Zentralheiligtum in Mekka, in dessen Richtung gebetet wird. Ich gehe also möglichst im hinteren Bereich des Raumes vorbei.

Kann ich das Gebet in einer Moschee besuchen?

Das Pflichtgebet ist Muslimen vorbehalten. Zu dieser Zeit sind die Moscheen für Besucher meistens geschlossen. Außerhalb der Gebete kann man aber gelegentlich beobachten, wie Männer – und manchmal auch Frauen – mit einem Gelehrten diskutieren und einer Lesung zuhören.

Gibt es religiöse Regeln außerhalb der Moschee zu beachten?

Im Fastenmonat Ramadan verzichten selbst viele liberale Türken auf Alkohol. Aus Respekt davor würde ich davon absehen, auf der Außenterrasse eines Restaurants ein Bier zu trinken, wenn ich in dieser Zeit reise. Problematisch ist es generell, wenn ich mich über den Islam spöttisch, herablassend oder sogar abwertend äußern würde. Das würde selbst von nichtreligiösen Türken als unhöflich empfunden.

Muss ich etwas beachten, wenn ich nationale Symbole sehe?

Die vielen und teilweise handballfeldgroßen Flaggen sind auffällig. Die Türkei zeigt Nationalstolz. Nationale Werte werden als schützenswert empfunden. Wenn ich den Einheimischen begegnen will, sollte ich mit dieser Befindlichkeit respektvoll umgehen.

Ist es für mich als Tourist sicher?

Ich würde sagen, dass die Städte Istanbul, Trabzon und Sinop sehr sicher sind. Natürlich gibt es immer wieder kleine Betrügereien: der Schuhputzer, der seine Bürste vermeintlich aus Versehen fallen lässt; der Tourist, der sie ihm hinterherträgt und dann „zum Dank" die Schuhe geputzt bekommt, aber schließlich doch zur Kasse gebeten wird. Solche Vorfälle sind allerdings eine Seltenheit.

Kann ich bedenkenlos alles fotografieren?

Dass fotografiert wird, sind die Menschen in einer Stadt wie Istanbul gewohnt. Deshalb muss ich auch nicht jeden Passanten um Zustimmung bitten, wenn mein Motiv ein belebter Straßenzug ist. Verboten ist es allerdings, Militäreinrichtungen abzulichten. Außerdem würde ich keine betenden Menschen in einer Moschee fotografieren.

INTERVIEW MIT

MICHAEL GREISSEL

Michael Greißel hat in der Türkei gelebt und das Land intensiv bereist. Besonders begeistert ihn die Stadt Istanbul. Er arbeitet als Trainer für interkulturelle Kompetenz für die Crossculture Academy im deutsch-türkischen Kontext und engagiert sich ehrenamtlich im Städtepartnerschaftsverein Erlangen-Beşiktaş.

„MICH SPONTAN AUF DAS HIER UND JETZT EINLASSEN"

INTERVIEW MIT AZIZA CHEHADE-BUCHMANN

Wie sollte ich mich kleiden, wenn ich in arabischen Ländern von Bord gehe?

Meine Schultern und Knie sollten bedeckt sein – das gilt sowohl für weibliche als auch für männliche Reisende. Ich wähle meine Kleidung außerdem nicht allzu figurbetont, denn ansonsten würde dasselbe geschehen wie in einem deutschen Freibad, wenn dort eine Muslima mit schwarzen Tschador baden ginge: Ich würde nur unnötig Blicke auf mich ziehen. Doch dazu bin ich schließlich nicht hierher gereist, ich will ja Land und Leute kennenlernen.

Gibt es Schmuck, den ich beim Landgang besser nicht tragen sollte?

Ja, ein Umhänge-Kreuz sollte ich besser nicht tragen. Dabei geht es nicht so sehr um dessen Wert und die Gefahr eines Diebstahls. Im Gegenteil, gerade in der Golfregion zeigt man gerne seinen Status durch teure Accessoires oder moderne technische Geräte. Beim Kreuz geht es vielmehr um seine christliche Symbolkraft, die provozieren könnte. Letztlich weiß ich nie, wer um mich herum ist, wie religiös diese Menschen sind und ob sie an einem Schmuckkreuz Anstoß nehmen würden.

Wie begegnen die Menschen einem deutschen Reisenden?

Deutsche sind gern gesehene Gäste. Das liegt auch daran, dass die Region nie politische Probleme mit Deutschland hatte – im Gegensatz zu den Briten oder den Franzosen waren die Deutschen hier keine Besatzer. Ich kann also davon ausgehen, dass die Menschen mir sehr freundlich gesinnt sind.

Kann ich einfach Einheimische kennenlernen?

Die Menschen sind zwar

sehr offen, ich habe aber vor allem in den Golfstaaten das Problem, dass ich kaum Einheimische treffen werde – die meisten um mich herum sind Touristen oder Gastarbeiter. Wenn ich Einheimische kennenlernen möchte, dann sollte ich in eine Moschee oder ein islamisches Museum gehen und mich dort mit den Mitarbeitern unterhalten.

Wie begrüße ich jemanden?

Am besten lege ich meine rechte Hand auf die linke Brust und nicke kurz. Als männlicher Reisender kann ich einem Mann auch die Hand geben. Jedoch nicht einer Frau, denn im Islam heißt es: Da, wo sich die Hände berühren, berühren sich auch die Herzen – es ist also eine sehr intime Geste.

Worüber kann ich mich unterhalten?

Die arabische Kultur ist sehr beziehungsorientiert. Familie ist deshalb ein schönes Gesprächsthema, wobei man nicht über die Frau oder die Töchter des Gesprächspartners sprechen würde. Auch über Sport unterhält man sich gerne oder über die Sehenswürdigkeiten des Landes.

Welche Gesprächsthemen sind tabu?

Auch wenn sich Einheimische mit mir über Politik oder Religion unterhalten wollen – diese Themen sollte ich meiden. Problematisch wäre es, wenn ich mich in einem Golfstaat über die Monarchenfamilie kritisch oder abfällig äußern würde. Auch mit Aussagen über den Islam sollte ich mich zurückhalten. Da ist geschicktes und freundliches Manövrieren gefragt.

Was muss ich im Verhalten zwischen den Geschlechtern beachten?

Besonders in der Golfregion, mit Ausnahme von Dubai, sind die Geschlechter strikt getrennt. Selbst Ehepaare zeigen keine Intimität. Eine Frau spricht immer nur mit Frauen. Würde ich als Mann eine weibliche einheimische Passantin ansprechen, würde sie vermutlich weitergehen oder ich würde Ärger mit ihrer männlichen Begleitung bekommen. Auch den Augenkontakt vermeide ich. Doch Menschen des gleichen Geschlechts in die Augen zu sehen, ist ein Zeichen der Ehrlichkeit, über das man sich freut.

Welche Distanz halten Männer und Frauen untereinander ein?

Ich bleibe auf Distanz zum anderen Geschlecht. Ein Beispiel: In einem Hotel würde eine Muslima in der Regel nicht in eine Aufzugskabine steigen, in der hauptsächlich Männer mitfahren. Und umgekehrt: Wenn ich als männlicher Reisender einen Aufzug nehme, in dem schon hauptsächlich Frauen sind, kann es sein, dass plötzlich alle wieder aussteigen. Stattdessen wäre es eine gute Geste, wenn ich es in einer solchen Situation den Einheimischen gleichtue und auf den nächsten Aufzug warte.

Wie begegne ich am besten einheimischen Kindern?

Kinder sind das Herzstück der arabischen Welt. Für mich scheint es vielleicht so, dass die arabischen Eltern ihre Kinder verwöhnen und verziehen. Gleichzeitig aber sehen es arabische Eltern nicht gerne, wenn ich als deutscher Tourist ihre Kinder anspreche. Deshalb wende ich mich zuerst den Eltern zu und sage ihnen, wie süß ihre Kinder sind. Vielleicht fordern die Eltern ihre Kinder dann auf, mit mir Kontakt aufzunehmen.

Gibt es Baderegeln, die ich kennen sollte?

Am Strand gelten andere Regeln als anderswo in den arabischen Ländern. Deshalb sollte ich mir etwas umbinden, sobald ich den Strand verlasse und nicht im Bikini oder Badeanzug über die Straße zum Café oder zum Hotel laufen. In Dubai ist das etwas anders. Weil dort mehr Touristen als Einheimische sind, werde ich da mit Badekleidung in Strandnähe wahrscheinlich weniger auffallen.

Sollte ich mit dem Fotografieren vorsichtig sein?

Ja. Denn in dieser Region reise nicht nur ich – es gibt es viele saudische Touristen, und sie wollen überhaupt nicht fotografiert werden. Aber auch sonst ist Zurückhaltung geboten. Wenn ich beispielsweise eine überfüllte Gasse fotografieren möchte, würde ich besser eine andere Deutsche zum Fotomotiv machen – dann ist für alle Passanten klar, dass sie wirklich nur zufällig aufs Bild kommen. Vom Militär mache ich keine Fotos. In Moscheen achte ich auf eventuelle Fotografierverbote.

Worauf kann ich achten, wenn ich Souvenirs einkaufen möchte?

Das Feilschen ist beim arabischen Kaufverhalten ein Muss. Es ist eine Art Volkssport und Spiel. Auf dieses Verhaltensmuster ist der arabische Händler eingestellt, unabhängig von der Nationalität seiner Kunden. Dabei nicht mitzumachen, ein Spielverderber zu sein und den erstgebotenen Preis sofort zu bezahlen, ist schlicht dumm.

Kann ich mich in das Gespräch mit einem Händler verwickeln lassen?

Natürlich. Der Small Talk gehört sogar zum Verkaufsgespräch. Dabei klopft der Händler ab, ob

YULIA GRIGORYEVA / SHUTTERSTOCK.COM

ich einer von ihnen bin oder ob es „halal" (erlaubt) ist, mich über den Tisch zu ziehen. Gerade deshalb ist es in diesem Gespräch so wichtig, den religiösen und politischen Tabuthemen auszuweichen und sich lieber über verbindende Themen zu unterhalten.

Wie weit darf ich einen Preis herunterhandeln?

Dafür gibt es keine Daumenregel. Ich muss es austesten, indem ich mich auf den Small Talk einlasse, Gegenangebote mache, nicht locker lasse, wenn der Händler von seiner siebenköpfigen Familie erzählt, und mich

schließlich abwenden, wenn er nicht mit seinem Angebot nachlässt. Holt der Händler mich dann nicht zurück, dann weiß ich, dass ich den Wert der Ware unterboten habe. Dann kann ich immer noch umkehren und das Letztgebot bezahlen.

Darf ich Alkohol konsumieren?

Nein. Alkohol ist in der ganzen Golfregion verboten. Ich darf ihn auch nicht mit mir führen. Das ist teilweise mit sehr harten Strafen belegt und ich hätte in diesem Punkt sicherlich keinen Touristenbonus.

Kann ich die Einladung eines Händlers annehmen?

Ich sollte mir überlegen, ob ich das wirklich will. Denn diese Einladung, zum Tee zum Beispiel, ist nicht ohne Bedingung – sie ist an die Hoffnung geknüpft, mit mir ein Geschäft zu machen. Wenn ich allerdings bereit bin, etwas zu kaufen, und genügend Zeit habe, ist diese Einladung eine schöne Gelegenheit, Einheimische kennenzulernen.

Wie hoch sollte das Trinkgeld sein, das ich gebe?

Ob im Restaurant, Café oder Hotel – für jede Dienstleistung gebe ich im Schnitt 5 bis 10 Prozent Trinkgeld. Die Reiseleiter sind normalerweise von den Agenturen gut bezahlt. Hier ist ein Obolus also möglich, aber nicht existentiell.

Wann kann ich einem Bettler etwas geben?

Ich würde jenen etwas geben, die als Verkäufer auftreten. Sie bieten Kaugummis oder Kleinstspielzeug an, nennen mir dafür meistens aber keinen Preis. Dann gebe ich ein wenig mehr, als der Krimskrams wert ist. Kindern würde ich grundsätzlich nichts geben, weil auch im arabischen Raum sehr viele Schlepperbanden aktiv sind. In den Golfstaaten wird aber so gut wie nie gebettelt.

Wie bereite ich mich auf einen Moscheebesuch vor?

Ich sollte darauf achten, dass ich bedeckt von Bord gehe. Denn nur in den touristischen Moscheen kann ich einen Tschador leihen, in anderen Moscheen nicht. Ich ziehe meine Schuhe aus und stelle sie in die bereitstehenden Regale. Dabei muss ich mir keine Sorgen machen, dass sie gestohlen werden. Bevor ich das Innere der Moschee betrete, würde ich meine privaten Unterhaltungen beenden und still werden.

Kann ich am muslimischen Gebet teilnehmen?
Das würde voraussetzen, dass ich die rituellen Waschungen durchgeführt habe. Doch als Nichtmuslim wüsste ich wahrscheinlich nicht, was ich dabei zu tun hätte. Manchmal werden aber Führungen auch zur Gebetszeit angeboten. Dann kann ich den Gottesdienst beobachten.

Welche religiöse Regeln gibt es im Alltag zu beachten?
In den arabischen Ländern baut letztlich alles auf der Religion auf. Zum Beispiel gilt die linke Hand als unrein, weshalb ich sie nie benutzen sollte, um etwa Geld zu überreichen. Ohne die rituellen Waschungen soll-

te ich niemals einen Koran berühren, auch dann nicht, wenn er in einer Buchhandlung ausliegt. Außerdem gilt es als Beleidigung, jemandem die Fuß- oder Schuhsohle zu zeigen. Wenn ich die Beine überschlage, sollte ich deshalb beachten, dass meine Sohle nach unten zeigt und nicht auf meinen Nebensitzer. Alle diese Regeln sind im Grunde religiös bedingt.

Sind die arabischen Länder wirklich sicher für mich?
Die Kriminalitätsrate ist niedrig und Touristen sind kaum gefährdet, überfallen zu werden. Dennoch würde ich nicht in Hinterhöfe oder kleine Gassen gehen. Auch kleine Moscheen würde ich meiden, da ich nicht einschätzen kann, wie religiös oder radikal die Menschen dort sind.

Was kann ich von der arabischen Kultur als Tourist lernen?

Die Gelassenheit. Zeit spielt im arabischen Raum keine Rolle, denn man glaubt an die Vorherbestimmung durch Gott. Und weil ich meine Zukunft ohnehin nicht selbst in der Hand habe, lohnt es sich auch gar nicht, sie zu planen. Mich spontan auf das Hier und Jetzt einzulassen, ist viel wichtiger.

INTERVIEW MIT

AZIZA CHEHADE-BUCHMANN

Aziza Chehade-Buchmann ist im Libanon geboren und aufgewachsen. Auf der Deutschen Schule Beirut lernte sie schon als Kind die deutsche Sprache und studierte später Architektur und Stadtplanung in Stuttgart sowie interkulturelle Wirtschaftskommunikation an der Friedrich-Schiller-Universität in Jena. 2007 gründete sie ihr eigenes Unternehmen www.orientiert. com. Seitdem arbeitet sie für die Crossculture Academy als Beraterin und zertifizierte interkulturelle Trainerin.

„VON DEN GESPRÄCHSTECHNIKEN DER AFRIKANER KANN ICH LERNEN"

INTERVIEW MIT CLAUDE-HÉLÈNE MAYER

Gibt es einen Dresscode, den ich beachten sollte?

Ich würde dazu raten, T-Shirts zu tragen, keine Tops, auch wenn die Einwohner sich an westliche Kleidung gewöhnt haben. Traditionell tragen Männer und Frauen eher lange Kleidung. Vor allem, wenn man die zweite Lebenshälfte erreicht hat, gilt es als nicht schicklich, kurze Hosen oder Röcke zu tragen. Auf den afrikanischen Inseln ist dies etwas anders – Orte wie Mauritius oder La Réunion sind wesentlich stärker europäisch geprägt. Dort haben sich die Bewohner an den westlichen Dresscode gewöhnt.

Gibt es technische Geräte, die ich besser an Bord lasse?

Aus Sicherheitsgründen nehme ich eher mein Smartphone mit als mein Tablet. Das kann ich besser einstecken und so unsichtbar machen. Smartphones sind auch deshalb kein Problem, weil Handys in Afrika sehr verbreitet sind. Teilweise funktioniert das ganze Bankenwesen über SMS und Telefonabbuchungen. Meine Kamera kann ich mitnehmen, trage sie aber nicht sichtbar am Körper. Zwar stört sich niemand daran, ich muss mir aber bewusst sein, dass ich so Begehrlichkeiten bei Menschen wecke, die sich keine Kamera leisten können.

Welche Tasche wähle ich, um meine Wertsachen zu verstauen?

Ich nehme eine Umhängetasche mit einer langen Schlaufe, die ich mir von einer Seite über den Kopf auf die andere Schulter hängen kann. Das ist am sichersten. Einen Rucksack könnte ich auch nehmen. Allerdings ist es besser, wenn ich mein Gepäck im Blick habe und nicht auf dem Rücken trage, da Rücksäcke schnell geöffnet oder gar aufgeschnitten werden könnten, um Wertsachen zu entwenden. Wertsachen sollte ich daher eher vorne am Körper tragen.

Wie begegnen mir die Menschen?

Als Deutsche errege ich kein besonderes Aufsehen. In Südafrika und Namibia leben schon seit Jahrhunderten deutschstämmige Menschen, und auf den afrikanischen Inseln fällt man mit weißer Haut auch nicht mehr auf. Die Bewohner begegnen mir also ein wenig gleichgültig, aber auch freundlich und zugewandt. Vielleicht grüßt man mich oder man fragt, wie es mir geht. Darauf antworte ich, dass es mir gut geht.

Wie kann ich Einwohner des Landes kennenlernen?

Ich empfehle, zum Beispiel in ein Museum zu gehen. Denn dort gibt es Menschen, mit denen ich mich auf Englisch unterhalten kann und die meist über Informationen verfügen, die mich interessieren könnten. Ansonsten habe ich das Problem, dass die Verkehrssprachen zwischen Englisch, Französisch, Portugiesisch, Afrikaans und afrikanischen Sprachen variieren. Außerdem sind Museen oder Kulturzentren relativ sichere Orte.

Kann ich einen Passanten ansprechen, wenn ich um den Weg fragen will?

Da wäre ich vorsichtig. Denn einerseits kann es sein, dass die Menschen mir aus Freundlichkeit einen Weg beschreiben, der nicht korrekt ist. Andererseits könnte es sein, dass die subjektiven Streckenangaben nicht mit den objektiven übereinstimmen – 300 Meter erweisen sich schnell als 3.000 Meter. Zudem besteht das Risiko, dass ich absichtlich in unsichere

Gegenden geschickt werde. Wenn ich Hilfe brauche, frage ich deshalb Polizisten oder Sicherheitspersonal. Die begleiten mich vielleicht sogar zu dem Ort, den ich suche, erwarten dann aber auch eine Bezahlung dafür.

Welche Themen eignen sich für einen Small Talk?
Das Wetter oder die Landschaft. Ich kann meinen Gesprächspartner auch fragen, wie er selbst sein Land betrachtet und erlebt. Allerdings wird Small Talk immer positiv geführt. Problematische Themen wie Politik oder Kolonialgeschichte werden erst angesprochen, wenn man sich näher kennt.

Welchen Themen gehe ich besser aus dem Weg?
Worüber weniger gesprochen wird, sind Themen wie Politik oder Geld. Die Frage „Was verdienen Sie?" ist auch für afrikanische Verhältnisse zu privat. Zudem kann es sein, dass Einheimische mich auf die deutsche nationalsozialistische Geschichte ansprechen oder ihre Bewunderung für Adolf Hitler ausdrücken. Der Hintergrund: Traditionell

gibt es in vielen afrikanischen Gruppen ein ausgeprägtes Führerbewusstsein, und die Erweiterung von Land wird als positiv bewertet. Am besten bin ich mir dieser Hintergründe bewusst und diskutiere das Thema nicht weitergehend.

Wie begrüße und verabschiede ich mich?

Die Hand zum Gruß reicht man vorwiegend in formellen Situationen oder als eine intensive Dankbarkeitsgeste. Zum Dank nehme ich beide Hände und berühre mit der zweiten Hand den Arm meines Gegenübers oder umschließe seine Hand mit beiden Hände. Das wäre zum Beispiel angebracht, wenn ich mich bei meinem Reiseleiter für eine tolle Führung bedanken möchte. Wenn man sich nicht gut kennt, dann sage ich schlicht „Guten Tag" und „Auf Wiedersehen" – am besten in der üblichen Verkehrssprache.

Wie viel Körpernähe ist üblich?

Sehr viel mehr als im deutschen Raum. Gerade, wenn ich in einer Warteschlange stehe, kommt es

TAFELBERG
KAPSTADT, SÜDAFRIKA

vor, dass ich berührt werde. Wegen diesem vorherrschenden Nähe-Distanz-Verhältnis kann ich mich auch gut neben eine Person auf eine Bank setzen. Aus Höflichkeit heraus sollte ich jedoch immer fragen, bevor ich mich setze, ob meine Anwesenheit gestattet wird. Normalerweise wird es als aufgeschlossene Geste gedeutet, wenn ich mich zu Menschen geselle. So komme ich sicherlich auch in ein kleines Gespräch. Partnerschaftliche Zuneigung zeigt man dagegen in der Öffentlichkeit nicht. Die meisten afrikanischen Paare gehen nebeneinander her. In den urbanen Zentren liberalisiert sich das.

Was sollte ich beachten, wenn ich einheimischen Kindern begegne?

Kinder sind direkt in die Alltagskommunikation eingebunden. Das heißt, Kinder werden direkt angesprochen und Erwachsene beginnen das Gespräch oftmals über die Kleinen. Kommuniziert wird oftmals auch mit körperlicher Nähe, und es kann gut sein, dass Kinder und Erwachsene sich beim Gespräch an Arm oder Schulter berühren. Dies sind freundliche Alltagsgesten, die ich gerne übernehmen kann.

Kann ich eine Einladung bedenkenlos annehmen?

Wenn es mir gelingt, tiefer ins Gespräch zu kommen, ist es gut möglich,

KOPERNIKUS POOL
MS ARTANIA

dass ich eingeladen werde – das gilt für Mosambik und Namibia, in Südafrika trifft man diese Offenheit aufgrund der Erfahrungen aus der Apartheid seltener an. Traditionell gesehen gilt diese Einladung zwar, aber aus Sicherheitsgründen ist eher davon abzuraten. Nur wenn ich jemanden gut kenne, sollte ich diese Person auch zu Hause besuchen.

Darf ich überall fotografieren?

Wenn ich Portraits schießen möchte, frage ich zuerst. Es kann mir passieren, dass mein Fotomotiv einen Obolus fordert. Wie hoch dieser Betrag sein sollte, wird normalerweise aber nicht direkt gesagt. Dann würde ich umgerechnet zwei Euro anbieten. Außerdem ist es an öffentlichen Orten, beispielsweise in Zügen oder Banken, unter Umständen verboten, zu fotografieren.

Wo wird um den Preis gefeilscht?

Auf Märkten oder bei Straßenhändlern ist dies üblich, in den Läden westlicher Marken dagegen nicht. Für afrikanische Waren kann ich den Preis bis um die Hälfte herunterhandeln. Die meisten Deutschen zahlen aber oftmals den erstgenannten Preis – das ist nicht schlimm, der Händler freut sich über das doppelte Einkommen.

Was muss ich beim Bezahlen berücksichtigen?

In touristischen Gebieten kann ich in vielen Restaurants und Geschäften mit Karte bezahlen. Entscheide ich mich für dieses Zahlungsmittel, sollte ich immer dabei sein, wenn die Karte durch das Lesegerät gezogen wird. Wenn das Gerät die Fehlermeldung „Karte nicht angenommen" anzeigt, ist Vorsicht geboten. Wird sie noch mal durchgezogen, werde ich möglicherweise doppelt zur Kasse gebeten – und merke es erst, wenn ich wieder zurück in Deutschland bin. Deshalb empfehle ich, immer Bargeld in Landeswährung dabei zu haben.

Gebe ich Trinkgeld?
Ja, das Servicepersonal ist darauf angewiesen. Trinkgeld sollte ich also bei meiner Reisekalkulation einrechnen. Üblicherweise gebe ich 10 bis 15 Prozent. Meinem Reiseleiter würde ich auch etwas geben, vielleicht umgerechnet fünf Euro für eine Tagestour. Das ist allerdings schon ein großer Betrag, wenn ich mir bewusst mache, dass in vielen afrikanischen Ländern bis zu 70 Prozent der Bevölkerung weniger als einen Dollar am Tag zur Verfügung haben.

Wie gehe ich damit um, wenn gebettelt wird?
Das kann ich nicht generell sagen. In manchen afrikanischen Gruppen ist Betteln ein Teil der Kultur. Man geht dort davon aus, dass es Bettler gibt und sie unterstützt werden müssen. In Südafrika ist das normalerweise nicht der Fall. Wenn ich etwas gebe, helfe ich zwar einerseits den Bettlern mit meiner Gabe, andererseits zieht das eventuell langfristig gesehen mehr Bettler an. Dennoch denke ich: Wenn ich jemandem etwas geben möchte, sollte ich das tun. Dazu habe ich einen kleinen Betrag in der Hosentasche.

Was kann ich gegen die Armut tun, auch wenn ich kein Geld geben will?
Ich würde mir schon zu Hause soziale Projekte heraussuchen, die ich vor Ort besuchen möchte. Im südlichen Afrika sind kirchliche und soziale Hilfswerke eine gute Anlaufstelle, aber auch Kinderheime für HIV-Waisen oder Obdachlosenprojek-

te. Vor Ort kann ich dann Geld spenden und sehe direkt, wohin es geht.

Welches Verhalten ist an einem religiösen Ort angebracht?

Das kommt darauf an, ob ich eine Kirche, Moschee, Synagoge oder einen Hindu-Tempel besuche. Generell bin ich gut beraten, wenn ich an dem Besuchstag lange Kleidung trage, d. h. einen Longsleeve, einen langen Rock oder eine lange Hose. Als Gast verhalte ich mich leise und nehme eine beobachtende Rolle ein. Ich kann aber auch damit rechnen, dass in afrikanischen Kirchen und hinduistischen Tempeln lebendig gesungen und gesprochen wird. Häufig wird man dort zum Mitmachen eingeladen. Im Anschluss an Gottesdienste in Kirchen wird oftmals Tee gereicht und Gebäck gegessen. Dazu werde ich wahrscheinlich eingeladen und sollte annehmen. Hier komme ich mit Menschen aus dieser Kultur in interessanten Kontakt.

Wie verhalte ich mich, wenn ich im Rahmen meines Ausflugs an einem schamanistischen Ritual teilnehmen kann?

Ich bin dort herzlich willkommen, egal in welcher Kleidung. Häufig werde ich dazu eingeladen, mit-

zutanzen. Außerdem gehören zu den Ritualen für Touristen oftmals Essen und Trinken dazu. Auf Townshiptouren gibt es in Südafrika oftmals auch traditionelles Bier zu trinken, das aus einem Glas getrunken und im Kreis herumgereicht wird. Wenn ich aus hygienischen Gründen Bedenken habe, kann ich ablehnen, vor allem als Frau. Ich argumentiere dann damit, dass ich aus familiären oder gesundheitlichen Gründen keinen Alkohol trinke.

Wie sicher ist es für mich zu reisen?

Ich sollte mich sehr sicher fühlen, damit ich auch einen sicheren Körperausdruck habe. Ich achte deshalb darauf, dass ich nicht fragil wirke oder mich ängstlich umsehe, sondern dass ich Stärke ausdrücke und einen aufrechten Gang habe. Trotzdem sind Überfälle und Taschendiebstähle mög-

lich und ich sollte wachsam sein.

Was vermeide ich, wenn ich mit Polizei und Sicherheitskräften zu tun habe?

Ich darf auf keinen Fall versuchen, mich aus einer brenzligen Situation herauszukaufen. Wenn ich zum Beispiel im Hafen ein Auto gemietet habe, ein Stoppschild übersehe und von der Polizei angehalten werde, dann sind die Bußgelder, die in offiziellen Listen festgelegt sind, ziemlich happig. Es kann passieren, dass der Polizeibeamte anbietet, er lasse die Strafe unter den Tisch fallen, wenn ich fünf Euro bezahle. Ginge ich darauf ein, könnte das gegen mich verwendet werden und mit Gefängnisstrafe enden. Ich zahle also den angegebenen Betrag und führe ein freundliches und kooperatives Gespräch.

Was kann ich von der afrikanischen Kultur lernen?

Ich kann lernen, freundlich soziale Kontakte aufzubauen, konstruktiven Small Talk zu führen, positiv zu sprechen und Gefühle und Bedürfnisse direkt zu äußern. Diese Gesprächstechniken, die sich Menschen in Deutschland in Seminaren oftmals erarbeiten müssen, sind in afrikanischen Kulturen kulturimmanent.

INTERVIEW MIT

CLAUDE-HÉLÈNE MAYER

PD Dr. Dr. Claude-Hélène Mayer lebt in Südafrika und ist in Pretoria Gastprofessorin an der UNISA im Department of Industrial and Organisational Psychology. Als interkulturelle Trainerin und Beraterin für die Crossculture Academy arbeitet sie sowohl in Wirtschaftsorganisationen als auch in sozialen Institutionen in Europa und in Ländern des südlichen Afrikas.

„DIE EINHEIMI-SCHEN HABEN EINE GROSSE NEUGIER GEGENÜBER DEM FREMDEN"

INTERVIEW MIT SUJATA BANERJEE

Was sollte ich unbedingt dabei haben, wenn ich das Schiff verlasse?

Ich würde auf jeden Fall meinen eigenen Wasservorrat mitnehmen, damit ich nicht vom erstbesten Laden überteuerte, zu stark gekühlte oder nicht versiegelte Getränke kaufen muss.

Welche Kleidung sollte ich tragen?

Den Frauen empfehle ich, einen Schal mitzunehmen, den sie sich um die Schulter legen können. Auch die Herren sind wegen der klimatisierten Räume gut beraten, den Hals zu bedecken. Spaghettiträger-Tops sind dagegen nicht gerne gesehen. Auch halblange Hosen würden einheimische Frauen niemals anziehen, und für Männer sind sie allerhöchstens Arbeitskleidung.

Wie verhalte ich mich, wenn ich gleich am Hafen in eine Sicherheits-

kontrolle komme?

Ich würde sie niemals trivialisieren oder hinterfragen, auch dann nicht, wenn die Kontrollen teilweise absurd sind. Indien hat in der Vergangenheit schwere Terroranschläge erlebt und in Sri Lanka herrschte bis vor Kurzem noch Bürgerkrieg. Ich befolge deshalb, was die Beamten von mir fordern, ohne darüber zu diskutieren.

Wie begegnen die Menschen einem Fremden wie mir?

In Indien gilt die Devise: Der Gast trägt Göttliches in sich. Das ist ein sehr hoher Anspruch. Das Gebot der Gastfreundschaft ist extrem ausgeprägt.

Kann ich auf der Straße jemand ansprechen, zum Beispiel um nach dem Weg zu fragen?

Natürlich geht das. Die Hilfsbereitschaft ist sehr groß. Ich würde Familien ansprechen oder Men-

7328   IB Atlanta
            IGA / Hairdresser

Datum: 7 Jan 2015 9:45 15:16
Beleg: 123803 A
Name: FIEBAD
Kabinet: 7328

Artikel		Preis	Summe
OPEN PREIS		8.00	8.00
OPEN PREIS		7.50	7.50
			15.50
		Gesamt	15.50

Es bediente Sie: Linda

schen in den Geschäften, aber keine Passanten oder junge, einzelne Männer. Allerdings ist die Antwort „Ja, ich weiß den Weg" nur ein Ja zum Prozess. Ich muss wahrscheinlich mehrere Menschen fragen, um nicht nur die ungefähre Richtung, sondern das genaue Ziel zu erreichen.

Darf ich jemand in die Augen schauen, wenn ich mich unterhalte?

Das ist hier längst nicht so verbreitet wie in westlichen Kulturen. Blickkontakt sucht man, um eine besondere Bedeutung zu unterstreichen: Begrüßung, Abschied oder wenn man sich bedanken möchte. Deshalb sind Händler, die einen im Verkaufsgespräch nicht anschauen, nicht unbedingt unehrlich – sie wurden vielmehr dazu erzogen, dass es unhöflich ist, Leuten ständig in die Augen zu starren.

Wie begegne ich fremden Kindern?

Kindern sollte man nicht über den Kopf streichen, sondern auf Augenhöhe mit ihnen gehen – also die Knie ein wenig beugen. Dabei ist es wichtig, im Blick zu haben, wie die Eltern reagieren.

Wie verabschiede ich mich?

Idealerweise beginnt man bei der ältesten Person. Es gibt die sehr nette „Namaste"-Geste. Dazu lege ich die Handflächen in Höhe der Brust aneinander, muss mich aber nicht verbeugen. Es ist eine herzliche Geste auf Augenhöhe. Die Hand zu geben, ist dagegen nicht sehr verbreitet. Aber manchmal machen das Einheimische, um den Touristen einen Gefallen zu tun.

Wie nahe kommen mir die Menschen, zum Beispiel in öffentlichen Verkehrsmitteln?
Sehr nahe. Das Gefühl für die Körperdistanz ist ein ganz anderes als in Deutschland. Ich muss damit rechnen, dass der Bus sich so lange füllt, bis er voll ist. Das gilt auch für die innerstädtischen Züge. Dort gibt es dann aber getrennte Frauen- und Männerabteile.

Wie gehe ich mit neugierigen Blicken um?
Dahinter steht nicht immer das Bedürfnis, sich zu bereichern, sondern eine große Neugier gegenüber dem Fremden. Es wird nicht als Bedrohung verstanden. Die Menschen interessiert es, wo Sie herkommen und wo Sie hingehen.

Wo beginnt die Privatsphäre für Einheimische?
Es kann durchaus vorkommen, dass ich in ein Haus eingeladen werde.

Allerdings gehe ich nur dahin, wo mich jemand hineinbittet. Ich bleibe also reaktiv. Wo ich alleine hingehe, da übertrete ich eine Grenze, denn auch auf engstem Raum haben die Menschen einen Sinn für Privatsphäre.

In welche Gebiete sollte ich nicht gehen?
Wenn man in einen Slum geht, ist das so eine Sache, denn das kann heutzutage auch als Voyeurismus verstanden werden. Selbst wenn mich jemand Einheimisches mitnimmt, muss ich Sorge dafür tragen, dass ich nicht als Voyeur auftrete.

Kann ich überall filmen und fotografieren?
Fotografieren ist meistens unbedenklich. Grundsätzlich sollte man die Menschen im Bild aber um Erlaubnis fragen, selbst dann, wenn sie gar nicht das Fotomotiv sind, sondern nur am Bildrand auf-

tauchen. Mit den gestellten Bildern und Posen, die so entstehen, muss ich leben können.

Warum ist es wichtig, um Erlaubnis zum Fotografieren zu fragen?

Ich muss darauf achten, dass die Menschen eingeladen werden, Mitspieler zu sein und teilzuhaben an meinen Bildern. Schließlich geht es um Menschen und nicht einfach um Statisten. Gerade in einer Stadt wie Mumbai nimmt man denen, die in unzumutbaren Zuständen leben, ihre letzte Würde, wenn man sie anonymisiert.

Wie gehe ich damit um, wenn andere mich fotografieren wollen?

Das kann durchaus passieren. Ganze Familien kommen auf die Idee. Gerade jüngere Leute wollen gerne zeigen, dass die ganze Welt bei ihnen zu Gast ist. Problematisch finde ich es nur, wenn zum Beispiel eine blonde Dame alleine fotografiert werden soll. Dann würde ich noch andere Reisende mit aufs Bild nehmen.

Kann ich einfach mal so zum Spaß handeln?

Es gibt Läden, die feste Preise haben. Da geht das natürlich nicht. Zum Spaß handeln würde ich nur

TAJ MAHAL
INDIEN

dort, wo ich weiß, dass ein gewisses Umsatzminimum eingenommen wird – in einem Laden in exponierter Lage zum Beispiel. Straßenhändlern dagegen würde ich die Zeit und das Geschäft rauben.

Wie weit kann ich den Preis drücken?

Als Reisende muss ich mir im Klaren darüber sein, dass der Verkäufer eine Marge von bis zu 70 Prozent einkalkuliert. Gleichzeitig erwartet er aber auch, dass ich mindestens 50 Prozent seines Preises bezahle. Wenn mir also jemand etwas anbietet, ich aber nicht dazu bereit bin, zumindest den halben Preis zu zahlen, dann sollte ich gehen.

Wann sollte ich mich nicht auf die Angebote der Händler einlassen?

Vor allem dort nicht, wo viele Händler dieselbe Ware anbieten. Wenn ich nichts kaufen möchte, dann ist es gerade dort umso wichtiger, die Ware oder Person nicht anzuschauen. Denn in dem Moment, in dem mein Blick an etwas hängen bleibt, bin ich in einer Transaktion.

Sollte ich Trinkgeld geben?

Für viele Reiseleiter ist das Trinkgeld ein elementarer Teil ihrer Gehaltskalkulation. Als Reisegruppe würde ich zusammenlegen und etwa 500 bis 800 Rupien geben. Auch in einem Taj-Mahal-Hotel, wo man fast acht Euro für eine Tasse Kaffee bezahlen muss, ist es wichtig, etwas Trinkgeld zu geben – in Indien und Sri Lanka ist das eine Selbstverständlichkeit.

Was mache ich, wenn gebettelt wird?

Ich ändere meine Schrittgeschwindigkeit nicht und vermeide Augenkontakt. Damit drücke ich aus, dass die Person ihre Zeit mit mir verschwendet. Gerade wenn Kinder betteln, muss ich wissen, dass sie Schlepperorganisationen gehören. Ich würde nur dieses System unterstützen, den Kindern aber nicht helfen.

Was kann ich tun, wenn ich dennoch etwas geben will?
Wenn ich einmal Geld gebe, dann nie mehr als 20 Rupien und das an ältere Leute, denn in Indien ist der arm, den kein soziales Netz auffängt. Grundsätzlich rate ich, lieber etwas zu spenden. Die Reiseleiter haben oft Adressen von guten Hilfsorganisationen.

Wenn ich einen Tempel besuche, was sollte ich berücksichtigen?
Ich bedecke meine Schultern und streife meine Schuhe ab. Weil wir oft auf kalten Marmorböden laufen, nehme ich mir Socken mit. Menschen bei der Andacht fotografiert oder filmt man nicht,

denn das ist ein ganz besonderer Moment.

Sollte ich in den Tempeln besonders leise sein?
Die Tempel sind meistens sehr geschäftige Orte. Trotzdem marschiere ich nicht rein, mache meine Fotos und marschiere wieder raus. Ich halte vielmehr inne, um zu zeigen, dass ich die Einrichtung respektiere. Ich würde mich nicht mit dem Rücken zur Gottheit stellen oder private Unterhaltungen führen.

Kann ich an den Ritualen teilnehmen?
Niemand erwartet das. Aber gerade in den hinduistischen und buddhistischen Tempeln auf Sri Lanka kann man gegen eine kleine Spende ein Blumen- oder Lichtopfer darbringen lassen. Der Priester segnet mich dann und trägt vielleicht noch einen Punkt auf meine Stirn auf.
Gibt es religiöse Regeln

im Alltag zu berücksichtigen?

Es ist ein religiöses Tabu, mit der linken Hand jemanden zu berühren oder Geld zu übergeben. Die linke Hand wird als „unrein" betrachtet – das ist nicht nur eine hygienische Konvention, sondern auch religiös verankert.

Wie gehe ich mit Blumenopfer oder Figuren um, die ich aus dem Tempel mitnehme?

Gerade geschnitzte Götterfiguren sollte ich nicht mit der linken Hand anfassen oder in den Rucksack stopfen, während Einheimische zuschauen. Das gleiche gilt für Blumenopfer oder Süßigkeiten, die mir mitgegeben werden. Sie sind ein „Prasad", ein Geschenk der Götter. Ich nehme sie mit aufs Schiff. Was ich dort damit im Privaten mache, bleibt mir überlassen.

INTERVIEW MIT

SUJATA BANERJEE

Sujata Banerjee wurde in Süddeutschland geboren und arbeitet seit gut 20 Jahren als interkulturelle Trainerin, unter anderem auch für die Crossculture Academy. Sie wohnt und arbeitet sowohl in Berlin als auch in Pune (Indien) und schätzt die Erfahrungen, die sie in beiden Ländern machen konnte.

„ALS GAST BEGEGNET MAN MIR NEUGIERIG UND RESPEKTVOLL – EIN LÄCHELN ÖFFNET DIE HERZEN"

INTERVIEW MIT ISABELLE HANSEN

Was muss ich beachten, wenn ich vom Schiff gehe?

Ich sollte wissen, dass mein Status auch an meiner Kleidung festgemacht wird. In Japan und Südkorea achtet man deshalb besonders auf Markenartikel. Ein gepflegtes Äußeres und eine dezente Kleiderwahl helfen mir, Asiaten zu begegnen – auch wenn manche von ihnen auffallend modisch oder individualistisch auftreten.

Kann ich mein Smartphone oder andere technische Geräte mitnehmen?

Ich wundere mich immer wieder, wie weit verbreitet die neuesten Modelle sind, denn die Asiaten sind äußerst technikaffin. Trotzdem würde ich meine Ausrüstung nicht vor mir hertragen.

Wie nehme ich am besten mit Menschen vor Ort Kontakt auf?

„Langnasen" werden in diesen unterschiedlichen Kulturen sehr geschätzt. Die Menschen werden mir offen und respektvoll begegnen. In Hongkong und Taiwan komme ich besser mit Englisch durch, in Japan ist man dagegen etwas scheuer, sich auf Englisch zu unterhalten.

Welches Begrüßungsritual ist üblich?

In Japan würde ich als Ausländer eine mittlere, in Südkorea eine leichte Verbeugung wählen. Generell verneigt man sich umso tiefer, je älter oder ranghöher die zu begrüßende Person ist. In China verbeugt man sich nicht. Manchmal bekommt man einen Händedruck, wenngleich einen sehr weichen – man möchte den anderen nicht erdrücken.

Wie komme ich ins Gespräch?

Sicherlich ergeben sich spontan manche Gelegenheiten. Ein Lächeln öffnet auch in Asien den Weg zum Herzen. Insgesamt ist ein dezentes Verhalten zu empfehlen und darauf zu achten, den Gesprächsanteil ausgewogen zu halten. Das heißt, ich stelle offene Fragen, unterbreche nicht, höre aufmerksam zu und lasse auch stilistische Pausen zu.

Gibt es Gesprächsthemen, die ich vermeiden sollte?

Die Kulturen dieser Länder basieren auf dem Konfuzianismus. Das heißt, es ist elementar wichtig, dass mein Gesprächspartner immer das Gesicht wahren kann. Deshalb würde ich mögliche kritische Themen und abweichende Meinungen umschiffen. Stattdessen suche ich im Small Talk eine harmonische Gesprächsbasis und betone Gemeinsamkeiten.

Gibt es beliebte Themen, die mir unangenehm sein könnten?

In diesen Kulturen kennt man keine Trennung zwischen Sach- und Persönlichkeitsbereichen. Es kann sein, dass ich neugierig gefragt werde, welches Auto ich fahre und was es gekostet hat. Über Geld zu sprechen, ist zumindest in China weniger tabuisiert.

Wie begegne ich Kindern am besten?

Wenn ich als „Langnase" mit Kindern spreche, freuen sich die meisten Kinder, und auch die Eltern sind stolz. Man sollte Kindern nicht über den Kopf streichen. In China kann es mir passieren, dass sich Kinder im ersten Moment verstecken oder schüchtern reagieren. Hintergrund ist, dass die Eltern manchmal drohen: „Wenn Du nicht brav bist, dann holt Dich der fremde Teufel!"

Wie viel Platz lassen sich die Menschen?

So viel wie möglich. Wenn man bei uns in Deutschland normalerweise etwa eine Armlänge Abstand hält, dann ist das in einem Land wie Japan deutlich mehr und in China weniger. Auch intensiven Blickkontakt vermeidet man – ich schaue eher auf die Nasenspitze, Stirn oder an meinem Gesprächspartner vorbei. Selbst zwischen Ehepaaren ist es eher untypisch, Gefühle in der Öffentlichkeit zu zeigen.

Wann wird es eng?

In der U-Bahn oder in anderen öffentlichen Verkehrsmitteln. Aber selbst hier kann ich damit rechnen, dass es diszipliniert zugeht – zumindest in Japan und Südkorea, in Hongkong stellt man sich in einer Reihe an. Dagegen kann an anderen Orten in China gedrängelt werden. Daran kann man sehen, wie stark sich die asiatischen Kulturen unterscheiden. Es gibt nicht „die" Asiaten, genauso wenig wie es „die" Europäer gibt – so wie Deutsche und Italiener ihre kulturellen Besonderheiten haben, so unterscheiden sich auch Japaner und Chinesen.

Wie verhalte ich mich beim Essen?

Essen hat eine hohe kulturelle Bedeutung, denn es ist beziehungsfördernd. Die Speisen werden in die Mitte des Tisches gestellt und geteilt. Es ist wichtig, dass ich mir nur bescheidene Portionen schöpfe, damit alle anderen auch noch von dem Gericht nehmen können. In Japan und Südkorea geht es bei Tisch ruhig zu. Chinesen dagegen lieben den Trubel, den sogenannten „Renao" – Essen soll Spaß machen und ist ein geselliges und gesellschaftliches Ereignis.

Welche Tischsitten sind für Deutsche gewöhnungsbedürftig?

Asiaten vermeiden es, die Nase am Tisch mit einem Taschentuch zu schnäuzen. Besser, ich gehe dazu auf die Toilette. Andererseits muss ich als Reisender darauf gefasst sein, dass die Suppe laut geschlürft wird. In China sind Rülpsen und Schmatzen bei Tisch toleriert.

Wie werden Geschäfte gemacht?

Das ist sehr unterschiedlich. Chinesen sind sehr geschäftstüchtig. Viele Händler haben keine Skrupel, auch bei Kreuzfahrtreisenden überhöhte Preise zu verlangen. Moralisch ist das nicht verwerflich, denn auf dem Markt gelten die konfuzianischen Beziehungen nicht – die Kunden gehören nicht zum inneren, sondern zum äußeren Kreis und sind damit „Outsider".

Gehört das Verhandeln dazu?

Nur in China und in Süd-korea auf den Märkten. Hier gilt die Faustregel: Mit entsprechendem Geschick und Zeit kann ich als Reisender in China den Preis um die Hälfte bis auf ein Drittel des ursprünglichen Angebots herunterhandeln. In Südkorea kann der Nachlass bis zu einem Drittel ausmachen.

Welches Serviceverständnis haben die Asiaten?

Insgesamt wird Service großgeschrieben. In der Regel wird nur das bezahlt, was auf der Rechnung steht. Als Gast bedanke ich mich nicht überschwänglich für eine Serviceleistung und verneige mich nicht vor dem Personal – als Kunde bin ich hierarchisch höher gestellt.

Wann kann ich trotzdem Trinkgeld geben?

Mein Reiseleiter oder meine Reiseleiterin freut sich über einen kleinen

Obolus. Allerdings sollte ich das Geld nicht offen übergeben, sondern es als Reisegruppe sammeln und in einem Umschlag überreichen. In China kann ich im Hotel dem Gepäckträger ein Trinkgeld geben. In anderen Bereichen kann es passieren, dass es einem zurückgegeben wird, da Trinkgeld insgesamt nicht üblich ist.

Wie gehe ich damit um, wenn ich Armut begegne?

Betteln ist allgemein verpönt. In den meisten asiatischen Kulturen wird einfach darüber hinweggeschaut. In China leidet vor allem die Landbevölkerung unter der Armut. Ein soziales System ist erst im Aufbau. Natürlich kann ich mich als Reisende in Asien, wie überall auf der Welt, über entsprechende Initiativen an der Bekämpfung der Armut engagieren.

Sollte ich fragen, bevor ich jemanden fotografiere?

Ja. Das gehört zum guten Ton. Als westliche Reisende bin ich ein willkommenes Motiv und man freut sich, wenn ich mit auf ein Foto komme. Verboten ist Fotografieren meistens im Tempelinneren. Auch Polizei und Militär würde ich besser nicht aufnehmen.

Wie verhalte ich mich, wenn ich einen Tempel betrete?

In Japan und Südkorea streife ich meine Schuhe ab. Deshalb ist es wichtig, nicht barfuß in den Schuhen zu gehen. Und löchrige Socken würden natürlich auffallen. Ich verbeuge mich leicht vor den Tempeldienern am Eingang. Im Inneren verhalte ich mich dezent und leise, vor allem in Japan. Wenn ich möchte, kann ich ein Räucheropfer anzünden oder eine Münze in einen Brunnen werfen.

Gibt es religiöse Regeln, die ich im Alltag berücksichtigen sollte?

Mit Essstäbchen sollte ich sorgsam umgehen. Keinesfalls sollte ich sie senkrecht in den Reis hinein stecken – das erinnert an Räucherstäbchen, die als Opfergabe dargebracht werden. Außerdem sind viele Asiaten abergläubisch, daher werden Symbolen und Farben besondere Bedeutungen zugemessen, die es zu beachten gilt. Zum Beispiel werde ich deshalb die Zahl vier in Hoteletagen oder Fahrstühlen kaum finden – in ihrem Sprachklang erinnert die „vier" an das Wort „Tod".

Kann ich mich sicher und frei bewegen?

Grundsätzlich kann man sich in diesen Ländern sicher fühlen. Die Kriminalitätsquote ist niedrig. Schlingel gibt es natürlich überall.

INTERVIEW MIT

ISABELLE HANSEN

Isabelle Hansen ist Asienexpertin, spricht Chinesisch und ist als interkulturelle Trainerin für die Crossculture Academy tätig. Seit 25 Jahren arbeitet sie in der Region und hilft mit ihrer Firma Europe Asia Business Services deutschen Unternehmen dabei, in Asien Fuß zu fassen und deren Management zu schulen. Als Kapitänstochter hat sie bereits als Kind viele ostasiatische Häfen bereist. Weitere Infos: www.europeasiaservices.com

„ES GIBT WICHTIGERE DINGE IM LEBEN ALS ARBEIT – RELIGION ZUM BEISPIEL"

INTERVIEW MIT CHRISTIAN HAINSCH

Mit welcher Kleidung sollte ich von Bord gehen?

Am besten trage ich eine leichte, lange Baumwollhose. Darauf ziehe ich nicht gerade mein ältestes T-Shirt an, denn in Südostasien ist Kleidung ein Statussymbol. Wenn ich im muslimischen Indonesien vom Schiff gehe, werde ich außerdem keine körperbetonte Kleidung wählen.

Gibt es ein Kleidungsstück, mit dem ich für Aufsehen sorge?

Kurze Hosen bringen die Einheimischen zum Schmunzeln. Denn kurze Hosen sind ein Zeichen dafür, dass man arm ist – oder ein Kind. Zudem sind unsere Beine meistens stark behaart, ganz im Gegensatz zu den südostasiatischen Beinen. Würde ich so von Bord gehen, nähme man mich wahrscheinlich nicht ernst.

Muss ich mich um meine Wertsachen sorgen?

Nein, in Malaysia ist die Bevölkerung relativ wohlhabend. Und in Vietnam werden selbst gegen Kleinkriminalität drakonische Strafen verhängt. In Ländern wie Indonesien und auf den Philippinen spiele ich trotzdem nicht an jeder Straßenecke mit meinem Smartphone herum. Und wenn ich eine Kamera mitnehme, dann trage ich sie nicht lose in der Hand.

Welche Art von Tasche ist empfehlenswert?

Ich rate davon ab, mit dem Rucksack von Bord zu gehen. Am besten verstaue ich meine Wertsachen in einer Schultertasche, aber hänge sie mir richtig um – das heißt, ich lasse sie nicht nur an meiner Schulter baumeln. Denn es gibt immer wieder junge Burschen, die auf einem Motorrad vorbeifahrend versuchen, Touristen eine Tasche zu entreißen. Deshalb sind auch Handtaschen nicht empfehlenswert.

Sind die Einheimischen Touristen gewohnt?

Ja. In südostasiatischen Ländern ist es schon seit Jahrhunderten üblich, dass Menschen aus dem Westen zu ihnen kommen. Sie begegnen mir mit einer großen Offenheit und Toleranz. Selbst wenn ich gegen eine der vielen Benimmregeln verstoße, schauen sie großzügig darüber hinweg.

Komme ich mit Einheimischen leicht ins Gespräch?

Es dauert bestimmt nicht lange, bis ich angesprochen und ausgefragt werde. So versuchen Einheimische, im Small Talk eine gemeinsame Basis festzustellen. Wenn man sich nach meinem Beziehungsstand und der Kinderzahl erkundigt, werden mir die Fragen für mein deutsches Emp-

finden zu neugierig sein. Dann bediene ich mich auch einmal einer Notlüge.

Welche Themen eigenen sich fürs Gespräch, welche nicht?

Es kommt gut an, wenn ich die Schönheit des Landes lobe. Politische Gespräche sind dagegen tabu. Denn einerseits sind viele südostasiatische Länder keine Demokratien im westlichen Sinn und dennoch stolz auf ihre nationale Identität, andererseits denken wir Deutschen oft, wir hätten die politische Weisheit mit Löffeln gefressen. So baue ich jedenfalls keine gemeinsame Basis auf.

Ist Religion ein Tabuthema für meine Unterhaltung?

Eigentlich sagen interkulturelle Trainer das immer. Ich habe aber festgestellt, dass über religiöse Themen gute Gespräche entstehen können – vor-

ausgesetzt, ich habe eine vorurteilsfreie Haltung. Wenn ich mich in einer Moschee zum Beispiel interessiert erkundige, warum man die Schuhe auszieht, dann wird man mir diesen religiösen Brauch bestimmt freundlich erklären. Anders ergeht es mir natürlich, wenn ich frage: „Und wo werden jetzt die Terroristen ausgebildet?"

Kann ich jemand in die Augen schauen, wenn ich mit ihm spreche?
Einheimische werden den Augenkontakt mit mir meiden. Als europäischer Tourist bin ich nämlich in der sozialen Hierarchie höhergestellt. Es ist also ein Zeichen der Höflichkeit, dass man mir nicht in die Augen blickt. Im Gegenteil: Wenn jemand diesen Augenkontakt aktiv sucht, dann sollte ich vorsichtig sein – er fordert mich dadurch heraus und zeigt Aggressionspotenzial.

Gibt es Mimik, die anders eingesetzt wird, als wir Deutsche das tun?
Ich werde die Menschen ständig lächeln sehen. Doch nicht jeder, der mich anlächelt, ist auch mein Freund. Einheimische können das freundliche Lächeln von einem misstrauischen unterscheiden. Wir Deutschen können das nicht.

Wie verabschiede ich mich?
Ich kann durchaus mit ausgestreckter Hand auf meinen Gesprächspartner zugehen. Dann merke ich schnell, ob er die Geste erwidert oder ob er die muslimische Abschiedsform wählt und seine Hand auf die Brust legt und nickt. Allerdings: Selbst wenn man mir die Hand reicht, werde ich normalerweise bloß einen angedeuteten Händedruck erhalten. Nur auf den Philippinen und den Molukken herrscht derselbe schmiedeeiser-

ne Griff vor, den wir aus Deutschland kennen.

Hat man Berührungsängste in dieser Kultur?

Nein. Ich muss damit rechnen, dass mir die Menschen sehr nahe kommen. Mein Komfortbereich ist deutlich geringer als in Deutschland. Das ist sogar in muslimischen Ländern wie Indonesien der Fall. Dort würde man zwar versuchen zu vermeiden, eine Frau am Arm zu streifen. Im üblichen Gedränge ist das aber praktisch unmöglich und kein Weltuntergang.

Darf ich meinen Partner berühren, wenn wir gemeinsam reisen?

Händchenhalten ist kein Problem. Das ist auch eine freundschaftliche Geste zwischen dem gleichen Geschlecht. Dagegen ist Küssen in der Öffentlichkeit in manchen südostasiatischen Ländern sogar verboten. Auch sonst findet man,

dass solche Intimitäten nicht auf die Straße, sondern ins Schlafzimmer gehören. Sein Privatleben trägt man nicht nach außen.

Wie gehe ich mit Einladungen um?

Es dauert bestimmt nicht sehr lange, bis ein Einheimischer mich einlädt: „Komm, wir gehen etwas trinken." Dann muss ich wissen, dass diese Einladung nur eine höfliche Geste sein kann. Man fühlt sich verpflichtet, einem Fremden etwas anzubieten. Deshalb sollte ich diese Einladung zwei- oder dreimal freundlich ablehnen. Wenn sie wiederholt wird, weiß ich, dass sie ernst gemeint ist.

Welche Orte gelten als privat?

Als Tourist bewege ich mich meistens im öffentlichen Raum. Wenn ich aber auf eigene Faust in verwinkelten und verworrenen Straßen un terwegs bin, kann es passieren, dass ich einen Hauseingang für eine Gasse missdeute und plötzlich in einem Privathaus stehe. Das ist mir schon passiert. Dann entschuldige ich mich höflich und gehe wieder. Meistens jedoch sind die Häuser von hohen Mauern umgeben und ich kann Privates von Öffentlichem leicht unterscheiden.

Kann ich bedenkenlos fotografieren?

Ja, ich kann so viel fotografieren, wie ich möchte. In den meisten südostasiatischen Ländern ist das kein Problem, selbst im muslimischen Indonesien nicht. Außerdem ist die Selfie-Kultur sehr ausgeprägt. Ich kann mich deshalb darauf einstellen, dass Einheimische auch auf mich zukommen und um ein Foto mit mir bitten.

Welche Fotomotive sollte ich meiden?

Nicht fotografieren sollte ich Bürgermeisterämter, Ministerien und andere staatliche Gebäude. In Südostasien gab es in der Vergangenheit schwere Terroranschläge, weshalb man dort schnell misstrauisch gegenüber Fremden wird, die solche Einrichtungen fotografieren. Außerdem sollte ich nie Polizei und Militär ablichten.

Welche Produkte sollte ich beim Souvenir-Shopping besser nicht kaufen?

Ich kaufe keinen Goldschmuck und keine Perlen. Es ist praktisch unmöglich, den tatsächlichen Wert abzuschätzen. Handtaschen, Uhren und andere hochpreisige Markenartikel sind garantiert Fälschungen. Besondere Vorsicht ist bei Parfüm geboten. Selbst wenn „Chanel No. 5" darauf steht, wird es nicht danach duften – im Gegenteil, es wird sich wie pure Salzsäure anfühlen und einen Ausschlag zurücklassen, den der Bordarzt mit Kortisonsalbe behandeln muss.

Sollte ich feilschen, wenn ich Souvenirs kaufe?

Ich kann gar nicht genug handeln. Das Erstgebot wird astronomisch hoch sein, und es gibt keine Daumenregel dafür, wie weit ich es herunterhandeln kann. Selbst wenn ich denke, ein Schnäppchen gemacht zu haben, wird der Händler immer noch zufrieden in sich hineinlächeln. Das ist gar nicht weiter schlimm – so kann ich einen Händler und seine Familie unterstützen.

Ist es in Ordnung, Geld zu geben, wenn gebettelt wird?

Ja, selbst Kindern kann ich ein paar Münzen in Landeswährung geben. In Südostasien gehören bettelnde Kinder selten irgendwelchen Schlepperbenden an, sondern werden von ihrem Familien geschickt, um für das überlebenswichtige Einkommen zu sorgen. Deshalb hilft es ihnen nicht, wenn ich ihnen etwas zu essen gebe. Was sie brauchen und wollen, ist Geld.

Gibt es etwas, das ich langfristig gegen die Armut tun kann?

HALONG-BUCHT
VIETNAM

Das ist vor allem deshalb schwierig, weil ich nicht dazu rate, etwas an soziale Projekte zu spenden. Das Geld kommt nur selten bei den Bedürftigen an. Ich müsste einheimische Helfer lange Jahre kennen, um entscheiden zu können, welcher Organisation ich vertraue. Als Tourist zahle ich lieber einmal einen überteuerten Preis für ein Souvenir, statt etwas zu spenden.

Ist es üblich, Trinkgeld zu geben?
In einem Restaurant werden 5 bis 10 Prozent erwartet, das ich bar und nicht mit Karte zahlen sollte, denn nur dann kommt es beim Kellner

an. Meiner Reiseleiterin gebe ich etwa 8 bis 10 Euro, wenn sie mich den ganzen Tag begleitet hat. In Südostasien verdienen Reiseleiter sehr schlecht und sind auf meinen Obolus angewiesen. Nur wenn jemand besonders auf die Tränendrüse drückt und mir von seiner Familie vorjammert, belohne ich diese Masche nicht.

Wie bereite ich mich auf meinen Besuch in einem Tempel oder einer Moschee vor?
Ich sollte passend gekleidet sein. Das heißt, sowohl meine Knöchel als auch meine Schultern sollten bedeckt sein. Damit es mir nicht ergeht

wie dem einstigen Weltbank-Chef Paul Wolfowitz, stelle ich vorher sicher, dass meine Socken keine Löcher haben. Sobald ich solche heiligen Orte betrete, werde ich angesteckt von ihrer ruhigen Atmosphäre. Meine Erfahrung: Nur betrunkene Australier können diese Ruhe stören.

Welche religiösen Regeln gibt es im Alltag zu beachten?

Wenn ich in Indonesien und Malaysia mit Muslimen zu tun habe, sollte ich nichts mit der linken Hand übergeben. Und da die Philippinen stark katholisch geprägt sind, sollte ich mich mit Kraftausdrücken zurückhalten, zu denen wir Deutsche neigen.

Wie verhalte ich mich gegenüber Ordnungsbehörden?

Polizei und Sicherheitsbeamte haben in Südostasien einen sehr hohen Sta-

tuts. Entsprechend ruppig und unhöflich treten sie manchmal auf. Dann gilt es für mich zu lächeln und mich nicht aufzuregen. Ansonsten kosten die Beamten ihre Autorität nur umso mehr aus.

Gibt es Verbote, die ich besonders beachten sollte?

In Südostasien wird es äußerst hart bestraft, wenn man Drogen mitführt oder konsumieren würde – bis hin zur Todesstrafe. Europäer werden davon nicht ausgenommen. Das bedeutet für mich als Tourist auch: Wenn ich starke Medikamente nehme, sollte ich immer die Packungsbeilage mitführen und mir vom Arzt eine englischsprachige Bescheinigung mitgeben lassen. Außerdem ist Singapur für kuriose und strenge Verbote bekannt: Ein achtlos hingeworfenes Papiertaschentuch wird mit bis zu 2.000 Singapur-Dollar geahndet,

Kaugummi kauen ist verboten, außer aus „medizinischen Gründen".

Was kann ich von der südostasiatischen Kultur lernen?

Ich kann lernen, dass es wichtigere Dinge gibt als Arbeit. Religion ist ebenso ein integraler Bestandteil des Lebens. Besonders in Indonesien begegne ich außerdem einem ganz anderen Islam, als ich ihn aus arabischen Ländern kenne: Hier ist der Islam friedlich und tolerant. Ich habe einmal zwei Frauen beobachtet, die eine verschleiert, die andere im Minirock, beide Muslima, wie sie Hand in Hand zum Café gingen. In Südostasien ist das keine Seltenheit.

INTERVIEW MIT

CHRISTIAN HAINSCH

Christian Hainsch arbeitet seit zwei Jahrzehnten in der südostasiatischen Region. Seit fünf Jahren hat er sich mit seiner eigenen Firma darauf spezialisiert, deutsche Mittelständler für die indonesische Businesswelt zu schulen. Daneben arbeitet er als interkultureller Trainer für die Crossculture Academy. Zusammen mit seiner indonesischen Frau lebt er in München und Jakarta.

„DAS TYPISCHE INSELFEELING NIMMT MIR MEINE DEUTSCHE HEKTIK"

INTERVIEW MIT ALYONA MATVIYENKO

Welche Kleidung trage ich am besten, wenn ich von Bord gehe?

In dieser Region herrscht legere Kleidung vor. Ich muss mir aber überlegen, wie ich mich gegen die stechende Sonne schütze. In Australien und Neuseeland kann ich eine kurze Hose oder einen kurzen Rock tragen, auf traditionelleren Südseeinseln wäre aber lange Beinkleidung angebracht.

Welche Kleidung ist nicht gern gesehen?

Badekleidung gehört nur an den Strand. In der Südsee sieht man es außerdem nicht so gerne, wenn Touristen einheimische Kleidung tragen. Die farbenprächtigen Wickeltücher, Pareo genannt, kaufe ich also höchstens als Souvenir, trage sie aber nicht dort.

Sollte ich bestimmte Wertgegenstände an Bord lassen?

In der Südsee lasse ich meine Kreditkarten auf dem Schiff. Meistens kann ich damit nicht bezahlen. Ich überlege mir auch, ob ich unbedingt mein Smartphone brauche. Meine Kamera kann ich natürlich mitnehmen, sollte sie aber in der Öffentlichkeit nicht zur Schau stellen. Wenn möglich stecke ich sie also in meine Hand- oder Umhängetasche.

Welche Haltung haben die Einheimischen einem Fremden wie mir gegenüber?

Die Menschen sind sehr offen für Fremde. In Australien und Neuseeland werde ich schnell angesprochen und gefragt, woher ich komme und was ich mache. Auf den Südseeinseln freut man sich über meinen Besuch, weil Touristen zur Existenzsicherung beitragen.

Wie begrüßt man sich?

Sich zu grüßen ist in diesen Ländern viel wichtiger als in Deutschland. Wenn ich nicht sofort als grimmiger Deutscher auffallen will, grüße ich also selbst Fremde auf der Straße. Für Australien und Neuseeland ist das „How is it going?" oder „How are you?" typisch. Das ist keine ernst gemeinte Frage, sondern eine höfliche Geste. Ich antworte mit „Fine, thank you" und gebe die Frage zurück.

Welche Geste verwendet man beim Begrüßen oder Verabschieden?

In Neuseeland und Australien kann ich die Hand geben. In der Südsee dagegen würde ich warten, was mein einheimischer Gesprächspartner macht – ich ergreife also nicht die Initiative. Viel wichtiger ist, dass ich lächle und dadurch meine Offenheit zum Ausdruck bringe. Wenn ich mich gut unterhalten habe, kann es beim Abschied schon mal sein, dass mir jemand in Aus-

tralien oder Neuseeland auf die Schulter klopft oder mich kurz umarmt. Typisch ist hier auch das „See you later" – selbst dann, wenn man sich nie mehr wieder sehen wird.

Wie komme ich ins Gespräch?

Man stellt sich mit Vornamen vor und bleibt bei dieser Anrede. Schon im ersten Gespräch werde ich „mate", zu Deutsch „Freund" genannt. Das ist ganz normal, auch zwischen Männern und Frauen. Besonders Australier sind ganz verrückt nach Sport – ein gutes Gesprächsthema für den Small Talk. Ich kann meinen Gesprächspartner aber auch fragen, welche Sehenswürdigkeiten ich gesehen haben sollte und was besonders landestypisch ist.

Welche Themen vermeide ich?

Geschichtliche Themen sollte ich im Small Talk

AYERS ROCK
AUSTRALIEN

vermeiden, da alle Länder eine dunkle Geschichte von Unterdrückung der Einheimischen und Strafgefangenen haben. Was man in Australien und Neuseeland nicht so gerne hört, ist, wenn ich die beiden Länder miteinander vergleiche. Außerdem ist man dort besonders sensibilisiert für jede Art von Diskriminierung – von abfälligen Aussagen sollte ich deshalb absehen.

Muss ich mich auf mehr Körperkontakt einstellen?

Im öffentlichen Raum, wenn ich zum Beispiel mit dem Bus unterwegs bin, halten die Menschen ähnlich viel Distanz zueinander wie wir in Deutschland. Besonders in Australien und Neuseeland ist es ein völliges Tabu, zu drängeln. Ich stelle mich also immer hinten in der Schlange an.

Was muss ich im Verhalten zwischen Männer und Frauen beachten?

Auf den Südseeinseln sollte ich als Frau nicht alleine unterwegs sein. Ich tue mich also mit zwei, drei anderen Reisenden zusammen, wenn ich die Insel auf eigene Faust erkunden will. In Australien ist das anders. Dort unterscheiden die Männer zwischen "ladys" und

„girls". Gehe ich alleine in ein Pub, um ein, zwei Cider oder Bier zu trinken, dann bin ich in den Augen der Australier ein "girl" – ich könnte angesprochen werden, vielleicht werde ich gefragt, was ich heute Abend noch mache, und man beginnt mit mir zu flirten. Wenn ich kein Interesse habe, erkläre ich das freundlich. Meistens wird das respektvoll akzeptiert.

Wie sollte ich mich verhalten, wenn ich mit meinem Partner reise?

Auch wenn in der Südsee der europäische Einfluss stark ist, zeigt man hier selten partnerschaftliche Zuneigung in der Öffentlichkeit. Dort, wo eine Insel touristisch erschlossen ist, kann es in Ordnung sein, wenn ich mit meinem Partner Händchen haltend am Strand spazieren gehe. Komme ich aber in eine einheimische Siedlung, verhalte ich mich besser neutral.

Ich weiß nie, was solche zärtliche Gesten bei den Inselbewohnern auslösen.

Welcher Bereich wird als privat betrachtet?

Gerade auf einer Insel wie Vanuatu achte ich sehr genau darauf, dass ich nicht aus Versehen ein Privatgrundstück betrete. Dort ist man besonders heikel damit. Das ist manchmal gar nicht so einfach, da die Grundstücke nicht immer offensichtlich umgrenzt sind. Ich bewege mich also mit Bedacht. Und sollte ich schließlich ein Haus betreten dürfen, ziehe ich meine Schuhe aus.

Kann ich eine Einladung ernst nehmen?

Ja, Einladungen sind ernst gemeint und keine höfliche Floskel. Wenn mir also Speisen zum Probieren angeboten werden, kann ich dankbar annehmen. Auch wenn mir in einem australischen oder neuseeländischen Pub ein Drink spendiert wird, muss dahinter kein Flirtversuch stehen. In diesem Fall ist es aber höflich, die zweite Runde zu übernehmen und so die Einladung zu erwidern.

Darf ich überall fotografieren?

In Großstädten ist das völlig unproblematisch. In ländlicheren Gebieten, vor allem in der Südsee, sollte ich aber vorsichtig sein. Denn gemäß der traditionellen Kultur der Südseebewohner wollen sie nach ihrem Tod nichts hinterlassen, das an sie erinnert – also auch keine Fotos. In der Südsee, bei Aborigines und Maori frage ich deshalb immer um Zustimmung, bevor ich fotografiere.

Wie funktioniert Einkaufen und Handeln?

Wenn ein Produkt ausgezeichnet ist, dann steht der Preis fest und Handeln ist nicht erwünscht.

Wenn mir der Verkäufer aber nur mündlich einen Preis nennt, frage ich, ob dieser ein endgültiger Preis ist oder ob er noch verhandelbar wäre. So merke ich schnell, ob Feilschen angebracht ist oder nicht. In der Südsee sollte ich außerdem davon absehen, die Produkte in die Hand zu nehmen, wenn ich mir sie nur anschauen, aber nicht kaufen will. Dort ist man nämlich der Meinung: Was man berührt, kauft man auch.

Wird von mir erwartet, dass ich Trinkgeld gebe?

Ob ich Trinkgeld gebe oder nicht, bleibt meistens mir überlassen. In Australien und Neuseeland versteht man Trinkgeld als ein Dankeschön für den Service. Das Personal ist nicht darauf angewiesen. Die Ausnahme sind Restaurants, in denen ich 5 bis 10 Prozent gebe. Auf den Südseeinseln ist Trinkgeld sogar eher ungern gesehen.

Man versteht es als Geschenk, das man gemäß der Tradition erwidern müsste. In einem Restaurant entspräche es außerdem nicht den Regeln der Gastfreundschaft – der Service wird als selbstverständlich empfunden. Wenn ich aber meinem Reiseleiter einen Obolus mitgeben möchte, dann frage ich, ob das in Ordnung wäre, und nenne es statt Trinkgeld ein Dankeschön.

Worauf sollte ich achten, wenn ich mit Geld umgehe?

Besonders in der Südsee kann die Währung von Insel zu Insel wechseln.

Da ich Kreditkarten besser an Bord lasse, sollte ich immer Bargeld in Landeswährung dabei haben. Dieses stecke ich nicht nur in die Geldbörse, sondern verteile es auf meine verschiedenen Hosen- und Jackentaschen. Gerade wenn ich Souvenirs oder einen Snack kaufe, werde ich es brauchen.

Werde ich bettelnden Menschen begegnen?

Eher selten, Papua-Neuguinea ist da eine Ausnahme. Natürlich leben die Menschen sehr einfach, trotzdem gelten Inselstaaten wie Vanuatu als die weltweit glücklichsten Nationen. Lei-

LAKE TEKAPO
NEUSEELAND

der werden gerade diese Länder immer wieder von Umweltkatastrophen heimgesucht. Wenn ich also etwas tun will, kann ich zu Hause für die Katastrophenhilfe spenden.

Wie bereite ich mich darauf vor, einen heiligen Ort zu besuchen?

In dieser Region gibt es ja nicht nur Kirchen, sondern auch traditionelle Kultorte. Um einen solchen Ort besichtigen zu können, sollte ich lange Kleidung tragen, das heißt, meine Beine sollten bedeckt sein. Außerdem nehme ich ein Tuch mit, um meine Schultern und meinen Kopf zu bedecken.

Wie verhalte ich mich, wenn ich einen traditionellen Kultort betrete?

Am Kultort halte ich zunächst Ausschau, ob es Hinweistafeln gibt, die mich darüber informieren, ob ich die Gebäude betreten darf. Falls nicht, frage ich einen Einheimischen. Ich halte mich im Hintergrund, besonders dann, wenn eine Zeremonie im Gange ist. Es ist unbedingt ratsam, hier um Erlaubnis zu fragen, bevor ich fotografiere. Das gilt sowohl für Menschen als auch für die Gebäude selbst.

Gibt es religiöse Regeln, die im Alltag zu beachten sind?

Der Sonntag ist auf vielen Südseeinseln ein heiliger Tag und ein Tag der Ruhe – dann haben die Geschäfte geschlossen, es starten keine Flugzeuge, Tätigkeiten wie Angeln sind verboten. Wenn ich am Sonntag durch ein Dorf spaziere, sollte ich deshalb besonders leise und rücksichtsvoll sein. Das gleiche gilt für den frühen Abend auf Samoa. Zwischen 18 und 19 Uhr beginnt dort ein Abendgebet. Sobald ein Gong mir ankündigt, dass das Gebet beginnt, sollte ich still sein.

Ist es sicher, in dieser Region zu reisen?

Die Kriminalitätsrate ist nicht besonders hoch. Papua-Neuguinea stellt eine Ausnahme dar. In den anderen Ländern jedoch kommt es höchstens einmal zu Taschendiebstählen – je touristischer eine Gegend ist, desto eher werden Taschendiebe präsent sein. In Neuseeland und Fidschi sollte ich als Frau nach Einbruch der Dunkelheit nicht mehr alleine unterwegs sein.

Was kann ich lernen von dieser Kultur?

Das typische Inselfeeling nimmt mir die Hektik, die in Deutschland oft vorherrscht, auch die Atmosphäre in Neuseeland und Australien. Außerdem macht es etwas mit mir, wenn mich ständig Menschen anlachen und strahlen. Vielleicht hat das mit dem Sonnenschein zu tun. Ich kann jedenfalls meinen Tank mit positivem Denken füllen.

INTERVIEW MIT

ALYONA MATVIYENKO

Alyona Matviyenko hat schon beim ersten Aufenthalt in Sydney ihr Herz an die Region verloren. Sie fasziniert es immer noch, dass jede kleine Südseeinsel eine eigene Welt für sich ist. Alyona Matviyenko arbeitet als interkulturelle Trainerin für die Crossculture Academy.

„ES GIBT KEINE PROBLEME, NUR HERAUSFORDE-RUNGEN"

INTERVIEW MIT SUSANNE BRAUN

Gibt es einen Dresscode, den ich berücksichtigen sollte, wenn ich von Bord gehe?

Grundsätzlich sind die Amerikaner etwas prüder gekleidet und zeigen weniger freie Haut – Spaghettiträger-Tops oder kurze Röcke werde ich seltener sehen. Ich würde mich als Reisende deshalb deutlich konservativer kleiden, als ich das in Deutschland tue, allerdings auch bedeutend legerer.

Ist es unbedenklich, wenn ich auch in Großstädten meine Wertsachen mitnehme?

Im Prinzip ist das kein Problem. Natürlich muss man als Tourist aufpassen, da man ohnehin aus der Masse heraussticht. Ich habe aber den Eindruck, dass viele Amerikaner selbst ängstlicher sind, als es eigentlich nötig wäre. Um nicht unnötig aufzufallen, nehme ich meine Wertsachen in eine Handtasche – wie in Deutschland auch.

Darf ich überall fotografieren?

Ich kann bedenkenlos Fotos machen. Wenn ich eine Nahaufnahme schieße, dann frage ich die Menschen um ihre Einwilligung. Meistens reagieren sie sehr offen. Allerdings wäre es äußerst heikel, wenn ich Militär und Polizei aufnehmen würde.

Wie begrüße ich typisch amerikanisch?

Die Begrüßungsform „How are you" darf man eigentlich nicht direkt übersetzen. Im Grunde ist das nur ein erweitertes Hallo. Darauf gibt es nur eine richtige Reaktion: Ich werde „good" oder „fine" antworten und die Frage zurückgeben. Es ist tabu, ehrlich zu antworten oder von negativen Gefühlen zu erzählen – das machen Nordamerikaner noch nicht einmal im engsten Freundeskreis.

Werde ich schräg angeschaut, wenn ich jemand auf der Straße anspreche?

Ganz im Gegenteil. Gerade wenn ich mit dem Stadtplan dastehe und versuche, mich zu orientieren, passiert es häufig, dass jemand auf mich zukommt und mir seine Hilfe anbietet. Die Einheimischen sind grundsätzlich sehr höflich und hilfsbereit. Da kommt man schnell in ein kurzes Gespräch.

Wie führe ich den typischen nordamerikanischen Small Talk?

Wenn ich unsicher beim Small Talk bin, kann ich einfach die Fragen meines Gegenübers wiederholen. Ein Beispiel: Sobald mein Akzent bemerkt wird, werde ich oft gefragt, wo ich herkomme. Wenn ich die Frage zurückgebe, dann haben fast alle Nordamerikaner eine Einwanderergeschichte zu erzählen – auch wenn sie dabei häufig die europäischen Länder in einen Topf werfen: Ich sage, ich komme aus Österreich, und mein Gegenüber antwortet, dass seine Oma auch aus Irland komme.

Worüber werden Einheimische gerne mit mir reden?

Gerade US-Amerikaner sind sehr patriotisch. Wenn ich Interesse zeige an ihrem Land, daran, wo sie herkommen und wie sie aufgewachsen sind, dann beginnen sie zu erzählen. Außerdem reden die Menschen sehr gerne über ihren Beruf. Wenn ich nach der Arbeit meines Gesprächspartners frage, ist das eine gute Ausgangsbasis für eine Unterhaltung.

Welchen Themen sind im Gespräch tabu?

Deutsche Reisende kommen sehr schnell auf Themen wie Todesstrafe zu sprechen, oder sie wollen wissen, wie die Einheimischen zum Präsidenten

stehen – solche ernsten Themen sind für Small Talk tabu. Selbst unter Freunden werden negative Gefühle ausgeklammert. Es dauert lange, bis sich Nordamerikaner erzählen, wie es ihnen wirklich geht.

Wie verhalte ich mich, wenn ich eingeladen werde?

Einladungen, die im Small Talk ausgesprochen werden, sind nicht ernst gemeint. Das ist eine reine Höflichkeitsform. Wirklich ernst gemeinte Einladungen sind konkret formuliert – dann würden wir ein Datum und eine Uhrzeit ausmachen.

Welches Verständnis von Körperdistanz hat man?

Grundsätzlich hält man in Nordamerika eine größere Distanz als in Deutschland. Zusätzlich sind gerade männliche US-Amerikaner beson-

GOLDEN GATE BRIDGE
SAN FRANSISCO, USA

ders vorsichtig, weil sie nicht des „Sexual Harassment" bezichtigt werden wollen. Als männlicher Reisender würde ich deshalb nie einer Frau die Hand geben oder mich auf einer Parkbank direkt neben sie setzen.

Wie nahe kann ich meinem Partner kommen, wenn wir gemeinsam reisen?

Nicht sehr nahe. Besonders in ländlicheren Gebieten gilt der Grundsatz: „No P.D.A." – kein öffentlicher Austausch von Zuneigung. Daran sollte ich mich mit meinem Partner genauso halten, wie es nordamerikanische Paare tun. Maximal Händchenhalten ist okay.

Was muss ich am Badestrand beachten?

Nackt baden ist ein absolutes Tabu. Auch sich am Strand umzuziehen, wie ich das hier in Deutschland gelegentlich mache, geht nicht – da kommt schnell auch mal die Polizei. Wenn ich mit Kindern reise, muss ich wissen, dass auch Kinder am Strand konservativer angezogen sind: Mädchen haben beim Baden von klein auf den Oberkörper bedeckt, das heißt, sie haben einen Bikini oder Badeanzug an – als reisende Eltern sollte ich das respektieren.

Was sollte ich wissen, wenn ich einkaufen gehe?

Was auf einem Preisschild steht, ist nicht der Endpreis. Dazu kommt immer noch die sogenannte „sales tax", die von Bundesstaat zu Bundesstaat unterschiedlich ist. Ich muss mich also nicht wundern, wenn ich an der Kasse mehr bezahle, als deklariert ist.

Kann ich ohne Weiteres Alkohol kaufen und konsumieren?

In manchen Bundesstaaten kann ich Alkohol nur

MANHATTEN
NEW YORK

in speziellen „liquor sto-res" kaufen und sollte ihn niemals offen auf der Straße herumtragen. Ich werde mich grundsätz-lich ausweisen müssen, selbst dann, wenn ich schon deutlich älter als 21 Jahre bin und damit das Mindestalter überschrit-ten habe. Auch in Bars werde ich kontrolliert. Nur in Restaurants ist das anders, denn dort gibt es manchmal überhaupt kei-nen Alkohol.

Sollte ich Trinkgeld geben?

Unbedingt. Es wird vo-rausgesetzt, dass ich 15 bis 20 Prozent gebe. Denn das Servicepersonal be-kommt nur den minima-len Mindestlohn, der als Gehalt niemals reichen würde. Die Menschen leben also von meinem Trinkgeld. Deshalb sind Nordamerikaner äußerst großzügige Geber.

Wie gehe ich damit um, wenn ein Bettler mich anspricht?

Die meisten Bettler fragen nach „change", also nach kleinem Wechselgeld. Ich würde es deshalb den Einheimischen gleichtun und in meiner Jacken- oder Hosentasche ein paar Münzen parat haben – dann muss ich meine

Börse nicht hervorholen.

Was mache ich, wenn ich kein Kleingeld geben, aber trotzdem spenden und helfen will?

Dann kann ich eine der unzähligen Charity-Organisationen unterstützen. Gerade die USA sind ein Land der Freiwilligen und der wohltätigen Vereine. Manchmal haben diese Organisationen einen Stand in einer Einkaufsstraße oder einer Mall. Dort kann ich meine Spende loswerden.

Wie verhalte ich mich, wenn ich einen nordamerikanischen Gottesdienst besuche?

Wenn ich das tun könnte, wäre das ein kulturelles Erlebnis. Nordamerikaner sind noch recht religiös und für viele gehört es dazu, am Sonntag in die Kirche zu gehen. Die Gottesdienste sind aber deutlich freier und kurzweiliger gestaltet, als wir das aus Deutschland kennen.

Außerdem geht es nicht nur um den Gottesdienst selbst, sondern auch um die Kaffee-und-Kuchen-Zeit danach – dort lerne ich leicht Einheimische kennen. Wenn ich einen Gottesdienst besuche, sollte ich allerdings beachten, dass dort die klassische Garderobe dominiert.

Welches Verhalten ist angebracht, wenn ich der Polizei begegne?

Dass ich Polizisten begegne, ist äußerst wahrscheinlich, denn sie sind allgegenwärtig. Ständig hört man die Sirene – zumindest in den USA, in Kanada weniger. Wenn ich mir im Hafen ein Auto gemietet habe und damit unterwegs bin, kann es gut sein, dass ich auf der Autobahn von einem Polizeiwagen gestoppt werde. Dann sollte ich niemals aussteigen und auf den Polizisten zugehen – der Polizist würde sofort die Waffe ziehen.

Gibt es Orte, an die ich nicht gehen sollte, weil sie unsicher sind?
Ich sollte niemals in Privateigentum eindringen, nicht einmal über ein fremdes Rasenstück oder eine Hofeinfahrt gehen. Theoretisch hat der Besitzer das Recht zu schießen, wenn er sich bedroht fühlt. Viele Einheimische leben in latenter Angst, dass ein Eindringling ihnen Böses will. In Kanada ist das deutlich anders – dort schließen manche Einheimische noch nicht einmal ihre Haus- oder Autotüren ab.

Was kann ich von der nordamerikanischen Kultur lernen?
Ich liebe den nordamerikanischen Optimismus. Ich kann von den Nordamerikanern lernen, dass es keine Probleme, sondern nur Herausforderungen gibt, an denen ich arbeiten und für die ich eine Lösung finden kann.

INTERVIEW MIT

SUSANNE BRAUN

Susanne Braun hat bereits 70 Länder bereist und spricht fünf Sprachen fließend. Seit einigen Jahren arbeitet sie als interkulturelle Trainerin für die Crossculture Academy sowie als Mediatorin, Trainerin und Beraterin für großen Firmen wie BASF, Siemens oder Volkswagen. Sie hat in Italien, Österreich, Deutschland, Portugal, Frankreich und den USA gelebt und gearbeitet.

„ICH WERDE STÄNDIG ANGE-LÄCHELT – DAS IST KEINE OBER-FLÄCHLICHKEIT, SONDERN ECHTE OFFENHEIT."

INTERVIEW MIT ELISABETE KÖNINGER

Welche Kleidung ist empfehlenswert, wenn ich von Bord gehe?

Ich trage leichte Kleidung – in den Ländern Lateinamerikas ist es schließlich recht warm. Sie sollte aber nicht zu kurz sein. Als deutsche Reisende habe ich wahrscheinlich die typischen Bilder von der Copacabana verinnerlicht, aber ich sollte mich davon nicht täuschen lassen: Badekleidung ist nur am Strand angebracht, ansonsten geht eine kurze Hose, aber keine Hotpants.

Wie schützen sich Einheimische gegen die Sonne?

Jedenfalls nicht mit einem Florentiner oder großem Stoffhut – Kopfbedeckungen sind nämlich verpönt. Das geht nur am Strand, in der Stadt falle ich damit sofort als Tourist auf. Stattdessen könnte ich eine Baseballkappe tragen, das ist auch unter den Einheimischen verbreitet.

Was lasse ich besser in meiner Schiffskabine?

Ich lasse dort, was besonders wertvoll ist – einen Tablet-Computer zum Beispiel oder auffallend teure Ohrringe. Natürlich tragen die Einheimischen auch Schmuck, wählen aber diskrete und weniger wertvolle Accessoires. Wenn ich eine Kamera mitnehme, hänge ich sie mir nicht um den Hals, sondern verstaue sie in meiner Tasche – zu meiner eigenen Sicherheit.

Wie gehen die Menschen mit einem Fremden wie mir um?

Die Lateinamerikaner sind sehr offen und neugierig auf Fremde. Als Reisende werde ich gut gelaunt aufgenommen und schnell angesprochen. Hier hält man sich nicht so sehr auf Distanz. Es wird für mich als Reisende also ganz einfach sein, die Menschen kennenzulernen.

Wohin gehe ich, wenn ich Einheimische treffen möchte?

Ich gehe einkaufen, auf einem Markt oder in einem Ladengeschäft. In dieser sicheren Umgebung kann ich ganz unbefangen mit den Verkäuferinnen plaudern und erfahre schnell von ihnen, wie das Leben für sie ist. Natürlich kann ich auch Passanten ansprechen, aber dann weiß ich nie, an wen ich gerate.

Kann ich mich auf neugierige Fragen einstellen?

Ja, die Menschen fragen Dinge, die in Deutschland als privat empfunden werden. Dahinter muss ich nicht unbedingt eine böse Absicht vermuten. Unproblematisch ist es, wenn mich jemand nach meiner Herkunft und meiner Familie fragt oder wenn wir uns über das Land unterhalten. Vorsicht ist allerdings geboten, sobald die Fragen konkreter werden, wenn mein Gesprächspartner zum Beispiel den Namen meines Hotels oder meinen genauen Reiseplan wissen will – dann versuche ich, freundlich auszuweichen.

Sollte ich den Augenkontakt suchen, während ich mich unterhalte?

Ja, den suche ich bewusst und ganz aktiv. Das ist wichtig, weil ich ansonsten vermittle, ich sei nicht interessiert am Gespräch und käme arrogant herüber. Daher ist es nicht zu empfehlen, den Augenkontakt zu vermeiden.

Wie nahe kommen mir die Menschen körperlich?

In der lateinamerikanischen Kultur pflegt man deutlich mehr Körperkontakt als in Deutschland. Wenn ich mich unterhalte, wird mein Gesprächspartner vermutlich einen Schritt auf mich zugehen oder etwas näher rücken, vielleicht sogar meinen

Arm berühren. Verabschiede ich mich schließlich mit einem Handschlag, sollte ich nicht überrascht sein, wenn ich als Antwort gleich umarmt werde. Was in Deutschland vielleicht als penetrant gilt, ist in Lateinamerika ein Zeichen des echten Interesses an mir.

Wie eng wird es in öffentlichen Verkehrsmitteln?

Die Busse sind normalerweise sehr voll. Während man in Deutschland darauf bedacht ist, den anderen nicht zu berühren, ist das in Lateinamerika unvermeidlich. Außerdem sind die Sitzabstände viel enger bemessen – man berührt sich also unweigerlich und schwitzt gemeinsam.

Kann ich mich an einen besetzten Tisch mit dazu setzen?

Wenn ich alleine ins Café oder Restaurant gehe, setze ich mich an die Bar. Gewöhnlich gehen Einheimische mit anderen aus. Würde ich mich dort dazusetzen, dränge ich in diesen Freundeskreis

ein. Ähnliches gilt, wenn ich eine Parkbank suche: Auch dann wähle ich eine freie Bank, statt mich zum Beispiel zu einem Paar zu gesellen.

Gibt es besondere Tischsitten?

Wenn ich laut schnäuze, falle ich auf. Doch die Lateinamerikaner ärgern sich wahrscheinlich nicht darüber, sondern reagieren belustigt. Ihnen bringt man von klein auf bei, dezent zu schnäuzen oder sich dazu auf die Toilette zurückzuziehen.

Kann ich einer Einladung folgen?

Es passiert relativ schnell, dass ich als Reisende eingeladen werde. Ich gehe dann nicht sofort darauf ein. Ich sage ein- oder zweimal, ich wolle keine Umstände bereiten. Erst wenn mein Gegenüber die Einladung wiederholt ausspricht, weiß ich, dass sie ernst gemeint ist. In der lateinamerikanischen Kultur gebietet es die Höflichkeit, dass man Fremde aufnimmt – deshalb muss mir eine Einladung zumindest angeboten werden, auch wenn mein

147

HAVANNA
KUBA

Gastgeber gerade gar keine Zeit dafür hat.

Unterscheidet sich das Verhalten zwischen Männern und Frauen von dem in Deutschland?
Es wird viel mehr geflirtet. Das ständige Spiel zwischen Mann und Frau ist Teil der lateinamerikanischen Kultur. Männer machen häufiger Komplimente und Frauen hören sie gerne. Wenn ich mich also als weibliche Reisende umschmeichelt werde, ist das Teil dieses kulturell akzeptierten Spiels. Will ich darauf nicht eingehen, bedanke ich mich und ziehe weiter.

Wie kann ich einheimischen Kindern begegnen?
Ich kann ihnen gar nicht genug Aufmerksamkeit schenken – auf keinem Fall gebe ich einem Kind bloß die Hand. Es ist völlig normal, es zu umarmen, zu küssen oder durch die Haare zu streichen. Des-

halb wäre eine zärtliche Geste angebracht, wenn ich mit ihnen Kontakt aufnehmen möchte.

Mit welcher Erziehung kann ich bei den Kindern rechnen?
Die Kinder werden überall mit hingenommen. Da man in Lateinamerika die Erwachsenenwelt nicht von der der Kinder trennt, kann ich also damit rechnen, dass die Kinder gelernt haben, respektvoll mit älteren Personen umzugehen.

Welche Regeln gelten am Strand?
Ich ziehe mich niemals direkt am Strand um. Auch dann nicht, wenn ich mich mit einem Tuch umschlinge. Umkleidekabinen gibt es an den Stränden allerdings auch nur sehr selten. Ich trage deshalb meine Badekleidung unter meiner Straßenkleidung und gehe so zum Strand und wieder zurück.

Ist das Fotografieren problematisch?

Nein, überhaupt nicht. Lateinamerikaner fotografieren auch sehr gerne und haben keine Probleme damit, auf einem Foto zu erscheinen. Am Strand allerdings sollte ich vor meiner Aufnahme generell um Zustimmung fragen.

Bestehen Festpreise oder kann ich handeln?

Ich kann es versuchen, es ist aber nicht selbstverständlich. Rabatt zu bekommen, ist schon wahrscheinlicher, auch in Ladengeschäften. Von den Einheimischen sind die Händler nämlich gewohnt, dass sie mit Kreditkarte und auf Raten bezahlen – wenn ich also bar und sofort bezahle, stehen meine Chancen auf einen Rabatt nicht schlecht.

Wird erwartet, dass ich Trinkgeld gebe?

Nein. Trinkgeld gebe ich nur, wenn ich mit dem Service zufrieden bin. Meinem Reiseleiter gebe ich so viel, dass er sich davon etwas mehr als einen Kaffee kaufen kann – was dieser kostet, ist von Land zu Land sehr unterschiedlich. Aufgrund der stark schwankenden Lebenshaltungskosten in Lateinamerika ist das eine gute Daumenregel.

Was mache ich, wenn gebettelt wird?

Ich gebe Kindern grundsätzlich kein Geld, weil sie häufig von Banden zum Betteln gezwungen werden und ihre Einnahmen für Drogen ausgegeben werden. Wenn ich einem Kind etwas geben möchte, spendiere ich ihm etwas zu essen oder trinken. Ich muss aber wissen, dass ich dann schnell von vielen anderen Straßenkindern umringt sein könnte, wenn sie das mitbekommen. In so einer Situation muss ich es tunlichst vermei-

IGUAZÚ-WASSERFÄLLE
ZWISCHEN BRASILIEN UND ARGENTINIEN

den, meinen Geldbeutel herauszuholen – ich habe deshalb immer ein paar Münzen in der Tasche.

Wie kann ich wirklich langfristig helfen?

Armut hat es in Lateinamerika schon immer gegeben. Die Einheimischen schockiert das deshalb nicht mehr so sehr wie mich. Wenn ich etwas tun möchte, dann nehme ich Kontakt mit dem deutschen Konsulat auf – dort bekomme ich Adressen von Hilfsorganisationen. Falls ich das bereits vor der Reise tue, kann ich ein Projekt vor Ort anschauen.

Muss ich mich besonders kleiden, wenn ich eine heilige Stätte besuche?

Nein. Auch eine Kirche kann ich in kurzer Hose und T-Shirt besuchen. Badekleidung geht natürlich nicht. Historische Kultstätten, wie der Aztekentempel „Templo Mayor" zum Beispiel, sind meis-

tens sehr touristisch und ich brauche keine besondere Bekleidung.

Wie ist die Sicherheitslage?

Überfälle sind nicht auszuschließen. Deshalb vermeide ich es, meine Wertsachen vorzuzeigen und viel Bargeld dabeizuhaben. Wenn ich in eine brenzlige Situation komme, gilt es, ruhig zu bleiben. Die Diebe sind selbst nervös, manchmal auch unter Drogeneinfluss und neigen leicht zur Gewalt. Ich gebe also besser meine Lieblingsuhr weg, statt selbst Schaden zu nehmen.

Was mache ich, wenn ich von der Polizei kontrolliert werde?

Also Tourist kann ich davon ausgehen, dass die Polizei tatsächlich für meine Sicherheit sorgt. Dabei verhalten sich manche Polizisten leider etwas ruppig und machen einen aggressiven Eindruck. Meine ich, in einer Sicherheitskontrolle geschehe mir Unrecht, sollte ich trotzdem nicht auf mein Recht pochen. Damit erreiche ich nur das Gegenteil. In Lateinamerika ist die Polizei nämlich eine Autorität, mit der man nicht diskutiert.

Was kann ich von der lateinamerikanischen Kultur lernen?

Ich lerne, wie wichtig Höflichkeit ist. Manchmal wird das von Gästen als oberflächlich empfunden, weil sie ständig angelächelt werden. Tatsächlich ist das keine Oberflächlichkeit, sondern echte Offenheit.

INTERVIEW MIT

ELISABETE KÖNINGER

Elisabete Köninger ist in Brasilien geboren. Mitte 20 kam sie nach Deutschland und arbeitet heute als interkulturelle Trainerin und Dolmetscherin für die Crossculture Academy. Drei- bis viermal im Jahr reist sie nach Lateinamerika, um dort für Firmen und in der Diplomatie tätig zu sein.